中国矿业大学基础与新兴学科建设项目经费资助

张 阳 著

多元评价视角下的大学定位研究

中国矿业大学出版社
China University of Mining and Technology Press

内容提要

本书将大学定位的本质与价值作为研究的逻辑主线，逐一分析政府、社会以及大学同行的评价对于大学定位的影响，构建三维超体积大学定位模型，通过问卷调查和数据统计，分析大学定位的影响因素，得出大学定位的特征分类，并提出相关的策略与建议。

本书可供高等教育理论研究者、高校管理者以及政府教育行政管理者阅读和参考。

图书在版编目(CIP)数据

多元评价视角下的大学定位研究 / 张阳著. —徐州：中国矿业大学出版社，2016.11

ISBN 978-7-5646-3340-0

Ⅰ.①多… Ⅱ.①张… Ⅲ.①高等学校—学校管理—研究—中国 Ⅳ.①G647

中国版本图书馆 CIP 数据核字(2016)第 270117 号

书　　名　多元评价视角下的大学定位研究
著　　者　张　阳
责任编辑　陈振斌
出版发行　中国矿业大学出版社有限责任公司
　　　　　　(江苏省徐州市解放南路　邮编 221008)
营销热线　(0516)83885307　83884995
出版服务　(0516)83885309　83884920
网　　址　http://www.cumtp.com　**E-mail**:cumtpvip@cumtp.com
印　　刷　江苏凤凰数码印务有限公司
开　　本　787×960　1/16　**印张** 13　**字数** 206 千字
版次印次　2016 年 11 月第 1 版　2016 年 11 月第 1 次印刷
定　　价　30.00 元

把握具有中国特色的大学定位脉搏

——为《多元评价视角下的大学定位研究》作序

罗承选

“大学”与“定位”这两个词的正式结合是在大学具有战略管理意识后开始的。当前大学之间在经费、生源上的竞争日益加剧，大学的事务管理越来越复杂，定位显然成为了大学解决现实问题、制定发展策略的首要环节。管理意义上的定位最早出现在商业、企业领域，然而大学的定位却不能直接套用这些领域的模式，因为大学这个组织具有独特的品格。从本质上讲，大学是一个学术组织；从管理上讲，大学是一个利益相关者组织。学术组织是很难被定位的，因为它和价值、信仰等高度相关；利益相关者组织也是很难被定位的，因为没有哪一个相关者会为最终的结果负全部责任。在外界的压力与内在驱动力双重作用下，如何定位是大学的管理者们经常感觉头痛的问题。尽管难度很大，大学定位的实践一直在进行，大学定位研究也一直是近年来高等教育领域研究的热点与难点问题。张阳的这本专著是在其博士论文基础上修改而成的，选择这个问题进行研究的直接原因来自管理实践中遇到的困惑与思考。

当前国外关于大学定位的研究均是把它放在战略规划的系统之内，通过设定若干因素与指标对大学进行综合评估，注重其科学性与效率。国内的相关研究借鉴了国外的方法，但是在实践中仍然感觉大学定位非常困难，可见国内大学定位难的问题已经超越了方法论的能力范畴。例如，当前在“双一流”建设思想的影响下，一些大学开始重新思考定位问题。重新定位的结果就是重新调整发展规划，通过整合学科资源甚至举全校之力建设一至两个一流的学科。虽然从理论上讲，大学定位是大学自主的事，是办学自主权的体现，但是从历史上看我国大学定位一直被外部的政策、指令或“运动”所左右；虽然说大学定位需要及时调整，但是我国的大学总是显得非常被动地来调整，同时调整得过于频繁。有人甚至调侃说，我国的大学根本不需要定位，因为政府已经定位好了，大学需要做的仅是各安其位、各司其职而已。

玩笑归玩笑，厘清大学定位的逻辑关系仍然具有重要的理论与现实意义。无论中西方，大学定位从来不单单是大学自己的舞台。除了受政府的影响外，大学定位还受其他很多因素的影响，从大的方面说主要是受社会和大学同行的影响。例如，某一大学在社会上的名望与口碑，在知名排行榜上的位置，会影响老百姓对它“用脚投票”，会影响它的生源质量和接受社会捐赠经费的数量，甚至会影响政府对它的期望。这就迫使大学在定位的时候要充分进行人才培养及社会服务等方面的优劣势分析。再例如，大学同行之间长期竞争形成的秩序会影响大学定位的心理，但是如果一所大学的改革措施取得明显效果并搅动了这个秩序，势必引起同类学校的借鉴或模仿，并改变它们的定位心理预期。也就是说，多元的评价主体聚焦在大学定位这个问题上，各有各的诉求，各有各的特征。我国的大学在定位时如果不充分考虑各主体方的影响，不积极地进行利益博弈，其定位及其制定的发展规划的前景将困难重重；反之，如果仅顾及外部的影响而不考虑自主发展，定位将不再“定”而成为随风倒的墙头草。该研究结合我国的国情探讨多元评价视角下的大学定位特征，从内外结合的角度进行研究，无疑拓宽了大学定位研究的理论空间。

然而，单独剖析某一主体（比如政府）对于大学定位的影响尚且不易，更不要说把不同的主体糅合在一起进行综合分析了。这时，选择一个研究的逻辑主线尤为重要。我认为，将大学定位的本质与价值作为研究的逻辑主线是合理的。所谓大学定位，就是在促进大学这个学术组织发展的同时，实现与政府、社会及大学同行之间的发展协同。按照这个逻辑，第一，大学定位要符合大学作为学术组织的特性，大学的能力、利益、文化及管理体制因素等要被充分考虑；第二，大学定位一定要契合大学的人才培养、科学研究与社会服务这三个主要的大学功能；第三，大学定位要具有明确的外在目标特征，即层次决定地位、类型体现特色、规模兼顾效益，等等。遵循了这个逻辑，再去逐一分析政府、社会、大学同行等评价对大学定位影响的特征就有了支撑，而不至于让大学定位随着外部因素的风向标摆来摆去。

研究政府评价下的大学定位特征一定要考虑国情，即我国以“政府办大学”为主的高等教育管理特征。我们通常说的分类定位，其实是政府在分类，通过分类的措施让大学各安其位。政府对大学的分类，包括建设“重点大学”以及“211 工程”、“985 工程”、“双一流”等，其实是分层。分类分层的目的是方便管理，管理则意味着权力分配。如果政府的权力过大，大学在定位时就会局限在划定的圈子里不敢逾矩。所以，在当前的国情下政府对于大学权力的“收放”可以改变大学的定位预期。

除政府之外，当前大学从社会上获取经费的数量越来越大，因此社会评价与大学定位之间虽然没有权力的干涉，但是会有利益关系；社会机构发布的各类大学排行榜，虽说均是专家型的排行榜，但行使的却是社会的名义。由于没有权力因素的规制，社会与大学之间的需求与诉求经常会出现错位。大学保守了，社会批评它是象牙塔，是计划经济的最后一个堡垒；大学开放了，社会批评它失去了自己的个性，是商场、名利场等。社会中的任何人都可以对大学指手画脚，更不要说各类具有专业性质的大学排行榜了。多数大学正在被大学排行榜“牵着鼻子走”，因此考虑如何与社会保持适度的距离及其拿捏的分寸应成为大学定位的必修内容。

定位时我们一定会选择一些参照物，大学与大学之间的竞争就是选择参照物的重要依据。一般情况下大学会主动地进行错位发展，因此从本质上说大学定位就是要在高等教育系统中、在与同行竞争中寻找、拓宽自己的生态位。只要有竞争就有丛林法则，即赢者通吃。现实中高层次大学抢占低层次大学办学资源的情况是屡见不鲜的。如果一所大学经常面临生存压力，那么它何谈发展定位问题？随着竞争环境激烈程度的加剧，大学定位的目标会越来越集中，其空间和自由度就会越来越小。因此，“定位难”对于某些大学来说可能是一个伪命题。顶端的大学和底端的大学非常好定位，基本上是闭着眼睛在定位，只不过顶端的大学会主导自己的定位，底端的大学是被动地安于其位。中间的大部分大学在前有压力后有追兵的情况下反而难以定位。

外部评价的影响因素分析得再透彻，也要落实到大学自身如何对待它的问题，因为大学定位毕竟是大学自身的事。大学在定位时究竟对哪些外部评价最为在意，这需要做调查分析。调查问卷的设计需要假设，需要一个理论的模型。该研究做出的“三维超体积”理论模型、调查问卷，以及将我国大学的定位特征归为主导Ⅰ型、主导Ⅱ型、被动Ⅰ型、被动Ⅱ型四类，我认为是在前面研究基础之上水到渠成的结果。

综上所述，我认为该著作论及的是具有中国国情的大学定位理论问题，而且大学定位问题和中国特色的现代大学制度建设问题有很多的相似之处。其中的奥妙与微妙，需要大学的管理实践者体察领会，需要理论研究者捭阖细究。相信在这个领域我们还有更多的理论与实践空间去探索。

2016 年 9 月

目　录

绪　论

一、研究背景

“要规划先定位”，自从大学与定位两个词语结合在一起之后，大学的管理及其改革开始围绕着定位展开。“要定位先分类”，自从大学开始具有定位意识，总会自觉地把自己划分为某一类型的大学之中。然而经过多年的实践之后，我们发现大学定位并不简单，其主要特征是不“定”。例如许多大学仿照政府每五年就做一次发展规划，也就意味着要重新做一次定位；政府引导大学发展的每一项指令，如“应用型本科”、“双一流”等，都会促使相关大学调整自己的定位。所以有人戏说大学定位是“起于摇摆，终结于更高一级的摇摆”。其实，除大学之外，政府、社会也认为大学定位是个难题。政府认为，大学定位存在着严重而盲目的趋高和趋同现象。几乎所有的专科学校都想要升本科，几乎所有的硕士学位授权单位想要升级为博士学位授权单位，单科型学校要建多科型学校，多科型学校要建综合型学校，等等。在政府眼里，大学越来越不听话，而在自身的管理体制上又存在着权力“一抓就死，一放就乱”的顾虑。社会对大学的要求越来越高，但同时大学的形象也越来越模糊。传统的象牙塔式的大学正在被社会的各个利益中心所包围、所同化，是衙门，是企业，是工厂，是商场，是赌场，是“地王”，是“战线”，甚至是“桥头堡”，当然，附带也是大学。[1] 对于高校而言，面临着政府、社会及同行高校竞争、校内师生需求等的种种压力，现实定位再准确，发展定位却总是像水中月和镜中花那样让人不可捉摸、

---

① 华科. 中国的大学是衙门也是赌场[EB/OL]. http://edu.163.com/10/1025/16/6JRSPI4P00293KTO.html.

没有底气。由此可见，大学定位研究既是高等教育领域一座高海拔的山峰，又是一片变化莫测的海洋。

为什么大学定位研究会成热点与难点问题，其实它与我国高等教育的发展与变革密切相关，和具有中国国情的现代大学制度建设密切相关。下面简要梳理我国高等教育发展与大学定位的关系。

（1）高等教育大众化与大学定位。依据马丁·特罗的理论，无论哪一个国家，如果没有高等教育数量上的大发展，尤其是占适龄人口15％以上的人进入高等学校，都不能视为进入了大众化阶段。但是同时，只有高等教育数量上的大发展才能引起教育功能、人才培养、质量标准和课程体系等一系列的变化，使高等教育在质的方面出现变化。① 换句话说，高等教育数量上的大发展必须有高校在功能、人才培养、质量标准和课程体系等相应的变革。否则，整个高等教育系统将会出现问题。从这个角度看，马丁·特罗在揭示规律的同时提出了预警，即高等教育大众化理论实则是一个预警理论。但是在我国它更多地被理解成了一个目标理论，即高等教育若要大发展非得在数量规模上完成多大的目标不可。高等教育大众化给高校的办学定位带来了直接的影响，具体体现在高校的规模变大，万人大学不再稀奇；高校的学科数目增多，学科综合化水平越来越高，单科型大学迅速减少，多科型大学成为普遍的大学形态。总体来看，仅有少数大学仍然坚持走精英化的道路，基本上不扩张或扩张很小，多数高校投身于大众化的潮流中，扩张的幅度较大。选择什么样的办学理念就要有什么样的办学策略相配套，所以精英与大众的理念分化直接导致了大学定位的分化。

（2）高等教育宏观管理体制改革与大学定位。1998年开始的高等教育管理体制改革基本结束了行业办学的历史，只有少数原行业部委院校由教育部直属，大多数划归至各省由地方管理，成为所谓的“地方高校”。这些受到变动影响的高校均面临着办学方向的转变问题，学校改名之风盛行，直接影响了其学校的定位方向。自1999年之后的5～10年期间，关于大学定位的研究成果呈井喷之势，充分

① 史朝. 对我国高等教育大众化的探讨[J]. 高等教育研究，1999(1).

说明了我国高等教育管理体制改革对于大学定位的影响。当前，具有中国国情的现代大学管理制度建设的理论研究与实践正在深入进行，势必会影响到我国大学定位的理论与实践。

(3) 院校合并与大学定位。自 1992 年 6 所省属高校合并组建扬州大学，至 2001 年的 10 年间，我国高校进行了 275 次院校合并，先后有 612 所高校进行了合并与重组，组建了 250 所新的大学。其中，以 2000 年为最多，短短一年中，共进行了 105 次合并，有 203 所高校经合并重组为 79 所新的大学。合并后的高校规模扩大，学科增加，既面临着多校区管理的问题，也必然要面临着新的办学定位的问题。有人调侃院校合并后的办学状况："工资水平朝最高的看齐，教授水平朝最低的看齐。"言外之意并不看好院校合并后的发展前景。如今十多年过去了，单从各类排名上看，各合并院校似乎取得了成功，至少没有降低排名的位置，但是从内部管理实践来看，其振荡与磨合仍在持续。尤值一提的是，在"强强合并"的过程中若干传统优势高校"消失"了，其办学特色"隐身"于多学科的大学定位之中。"强强合并"的另一个重要影响是，在全国范围内带动了大学的多科化乃至综合化运动。院校合并的推动因素主要是政府行政力量。只要这一因素还存在且起主导作用的话，下一轮的院校合并似乎已经在走来的路上了。

(4) 高等教育产业化、市场化与大学定位。高等教育产业化理论在 20 世纪 90 年代末引入我国，它和随之产生的市场化理论迅速成为"加快高等教育发展"的"主流"理论。正是受这些理论的影响，高校的办学行为已经与我国传统的公益性特征渐行渐远，开始面向市场办学，办学资源开始进行市场化运作，直接影响了高校的专业设置、人才培养方式、学科建设模式等一系列的定位与发展。至今学术界对此仍有意见分歧。有学者认为产业化、市场化理论会严重影响高等教育的公平性，不符合高等教育的公益性特征，应坚决抵制。支持者认为高等教育不同于基础教育，它是一个讲究效率为主的场所，如知识的生产与应用效率，市场机制会有效地优化配置办学资源使之成为现实。无论学术界如何争论，产业与市场行为已经渗入高等教育体系之中，改变了大学定位的预期、方向与维度。但是同时无论学术界如何担心，大学在行政与市场的双重掣肘下，一方面显得似乎无所适从，左右不是，另一方面却似乎“如鱼得水”，功利行为频出，把自己模糊到自己都不敢辨认的程度。“大众创业、万众创新”相关政策措施的出台，为高校师生解开一副枷锁的同时，似乎又加上了另一副枷锁，因为如此一来大学有可能成为大企业，“大学人”会纷纷成为创业人、企业家。看来有关这方面的争论还将继续。

（5）办学自主权的扩大与大学定位。自改革开放以来，扩大高校的办学自主权一直在向好的方向发展。1985～2005 年以来，中央和教育部共有 9 个文件直接涉及扩大高校办学自主权的问题，其中 1998 年以后的有 6 个，内容几乎涉及高校管理的各个角落。1998 年以后，高校集中出现了制定发展战略规划、修改发掘办学理念的举动，办学定位问题是其基础性和前提性的工作，这也是高校在扩大办学自主权后对自身的理性审视。但是正由于定位问题研究的理论缺乏，以及理论与实践的冲突，使得许多学校的定位不科学，制定的发展战略规划效果不理想。也正因为如此，促使我国学者在大学定位问题理论研究上不断深化，使之成为一个“不退烧”的热点问题。

（6）世界一流大学建设与大学定位。“定位”这个词在学术意义上，尤其在管理领域是一个舶来品，具有全球化的视野与特征。我国的高水平大学早就将定位的发展目标瞄准世界一流大学，政府也在有意识地向这个方向引导。“211 工程”、“985 工程”、“双一流”等无一例外都是引导着我国高水平大学朝着世界一流大学的目标前进。尤其是“双一流”的出现，使得更多的大学有了“一流”的定位冲动。因为既然建不成一流的大学，那么通过努力总可以建一流的学科吧。有了世界一流大学这个奋斗目标，我国的大学定位在层次上才得以丰富和完整。

除上述因素外，如“2011 协同创新计划”、“高等教育质量提升计划”等，也在影响着大学的定位实践。总之，我国的大学定位研究是与高等教育改革与发展的实践相联系的，是与现代大学制度建设相联系的。

二、研究意义

（一）理论意义：廓清大学是什么、可以做什么的道理

大学定位研究首先是促使人们对大学本身产生思考：大学是什么？大学能做什么，不能做什么？大学有没有条件和能力做其想做的事？因此大学定位研究可以看作是关于大学理念的研究，其必然涉及大学的本质、现代大学制度建设等问题。同时，关于大学定位的研究将引起关于高等教育相关领域一系列的关注，可以说是牵一发而动全身，因此对高等教育的理论研究将会有原发性的意义。其次，定位研究最早移植于商业管理领域，定位的方法也多从管理学领域借鉴而来，因此大学定位研究一定会借鉴多学科的研究方法。除教育学之外，还有管理学、经济学、社会学、生态学等学科中的方法与理论。这些理论在从不同的侧面探讨大学定位的同时，也丰富和深化了高等教育学的理论研究。本研究拟在前人研究的基础上，综合借鉴上述学科中的主要内容，如生物学中的生态位理论、数学与经济学中的博弈论等，以解析大学在定位问题上的各种困境与困惑，并期望以此为起点，为大学定位研究开辟新的视角。

（二）实践意义：促进大学进行院校研究，提升大学核心竞争力

《国家中长期教育改革和发展规划纲要（2010～2020年）》第七章第二十二条规定："促进高校办出特色。建立高校分类体系，实行分类管理。发挥政策指导和资源配置的作用，引导高校合理定位，克服同质化倾向，形成各自的办学理念和风格，在不同层次、不同领域办出特色，争创一流。"可以看出，大学的定位问题研究已经上升为国家战略的层面。

高等教育领域引入战略与定位的概念是在20世纪70年代末。美国学者凯勒1983年发表的《学术战略：美国高等教育管理革命》一书，被认为是战略管理在高等教育领域内流行的催化剂。战略管理是战略规划、战略实施、战略评估三者的有机结合，也是院校研究的主要内容。近年来我国高校开始意识到战略、战略规划的重要性，但是没有上升到战略管理的层次。在战略管理中，定位是核心。许多

高校的战略规划与战略实施是脱节的，例如规划制定的目标大而空、有趋同现象，实施起来效果不理想，其原因就是定位不准确。按照系统论的观点，世界上的任何事物都不是孤立存在的，而是整个系统网络上的一个个网格，相互联系、相互制约。定位就是明确自己在整个系统中的网格位置。一所大学如果不能确立自己的身份和位置，学校就无法履行好职责，无法完成好使命；如果不能明确发展战略目标，即发展定位，办学就会走向盲目，要么跟着别人的后面亦步亦趋，要么刻意地标新立异。

定位及院校研究的目的在于提升大学的核心竞争力。核心竞争力一词同样来自于商业领域的战略管理理论。大学定位研究有助于大学找寻到自己的发展优势，并有目的地去打造自身的核心竞争力。美国麻省理工学院（MIT）第 14 任校长保尔·E. 格雷在 1983～1984 年校长报告中说："一个大学的质量在于它为自己制定的发展水平和前景以及它的原动力和潜在能力。"①一般情况下，大学核心竞争力的构建就是在科学认识自身的资源、能力及发展水平基础上，对包括学科建设、人才培养、科学研究、社会服务、组织管理、文化建设、人力和物质资源等竞争要素的重组和战略整合。因此研究大学定位应突出和实现发展定位与核心竞争力培育的协调统一，应着力于核心竞争力的形成与培育，进而促进自身的可持续发展。

三、问题的切入

（一）为什么要用多元评价的视角来研究大学的定位

人们进行科学研究，往往是从问题开始的。正如英国科学哲学家波普尔所言：科学始于问题。② 大学定位本身不是问题，但是大学定位困难就是一个问题了。问题是科学研究的起源，而随着科学研究的深入，新的问题又会不断地出现。因此又有学者认为，科学研

① 清华大学教育研究所. 美国麻省理工学院校长报告[R]. 教育研究参考资料，1997(16)：62.

② 丁煌. 科学方法辞典[M]. 延吉：延边大学出版社，1991：141.

究固然是为了解决问题,但往往是引出更深的问题。①高等教育研究尤其如此。自高等教育学作为一门学科在我国确立以来,问题研究重要还是理论研究重要一直是学者们争论的焦点之一。即使是主张理论研究优先的学者,起码也不否认高等教育研究中问题意识的重要性。这也就有了"高等教育研究"与"高等教育学研究"之分。而这本身也是一个"问题"。高等教育发展的历史就是高等教育问题不断提出和不断解决的历史,高等教育学发展的历史就是它所研究的问题发展的历史。② 大学定位如此困难,是方法的原因吗?是大学自身的原因吗?还是其他的原因呢?我们在对任何问题进行归因时,喜欢把它分为三类:一是自身的原因,二是他人的原因,三是不可抗拒的自然因素。人文学科的研究基本可以排除自然因素,大学定位的方法目前也是相对成熟和客观的,而且方法的运用也应属于自身的原因。对于部分大学来说定位并不困难,即自身的原因基本也可以排除。例如最顶层的大学和最底层的大学,它们对于自己现实定位和发展定位都会相当明确并保持相对稳定。这样就剩下了"他人的原因"。大学是一个利益相关者组织,其利益相关方主要有政府、社会机构、大学同行这三者,当然还有教师与学生。教师与学生属于学校内部的事物,可以归为"自身的原因"。事实上,"他人的原因"中三个主要的利益相关方对大学定位起着举足轻重的影响,尤其是在当前的国情下,在大学的自主意识高涨且自主权相对较小的情况下。因此本研究选择多元评价的视角来研究大学定位,重点考察主要外部利益相关方评价对于大学定位的影响。

高等教育活动及其研究的问题非常复杂。它的复杂性与它所研究的对象的复杂性密切相关。有学者将高等教育研究对象概括为三大类型的教育存在,即"高等教育活动型存在、高等教育观念型存在和高等教育反思型存在"③。大学定位的研究与实践就是三种活动的综合体。定位从实践上是一种活动型存在,从理论上是观念型存

---

① 裴娣娜.教育研究方法导论[M].合肥:安徽教育出版社,1995:72.

② 李爱民.问题及其确立:高等教育研究活动的逻辑起点[J].扬州大学学报(高教研究版),2005(1).

③ 周玲.高等教育研究的方法论反思——多学科研究范式的引入与高等教育立场的坚守[J].高等教育研究,2005(2).

在，同时“定位难”的背后也会引发人们对其的反思性存在。伯顿·克拉克指出：“我们对高等教育的认识比 25 年前提高了。……在有选择地探索高等教育的复杂现实的过程中，在当前，求助于若干最有关系的学科和它们所提出与运用的一些观点，有很大好处。……宽阔的论述必须是多学科的，就像所有灯光都照射在舞台上。”①事实上，也正是多学科研究观点的确立促进了高等教育研究的繁荣和兴盛。伯顿·克拉克的《高等教育新论——多学科的研究》、潘懋元主编的《多学科观点的高等教育研究》，以及当前众多的用多学科、多视角研究高等教育问题的成果，为我们选择多元评价的视角提供了理论上的支持。

（二）为什么要研究大学定位的特征

大学定位是大学战略管理的主要部分，大学定位的过程就是一个战略决策的过程，因此大学定位更像一个实践问题而不是理论问题。然而我们发现，现实中无论定位方法运用得多么好，大学定位对于某些学校来讲始终是个难题，对于另外一些学校来讲根本就不是问题。带着这个疑问本研究提出了一个假设：大学定位困难在当前的国情状况下是一个假命题。这就需要我们对于当前我国大学定位的总体特征有所把握。如何把握它的总体特征呢？首先要分析主要的外部评价者对大学定位的影响。大学定位从来都不是大学一个人在唱戏，它需要面临许多不同的评价者。如前所述，这些评价者都是大学的利益相关者，虽然利益或直接或间接，评价的目的或公益或功利，但它们的评价肯定会对大学的定位产生影响。政府作为大学的主办者，它对大学肯定会有个期望定位，即想让大学怎么发展的问题；政府对于大学的投入主要来自于政府财政拨款，政府财政则来自于社会大众纳税人，社会大众自然也会对大学有期望和需求的定位；高等教育系统内有许多的大学，彼此之间一定会有参照定位，大学同行的评价会对大学定位产生重要影响；等等。各评价主体之间以及与大学之间都存在着利益与价值的关系与冲突，大学定位的最佳结果就是要在各利益主体的关系博弈中寻找一个博弈均衡。所以大学

---

① [美]伯顿·克拉克. 高等教育新论——多学科的研究[M]. 王承绪，等，译. 杭州：浙江教育出版社，2001：122.

定位的过程就是与不同利益主体不断地进行博弈的过程。在这个过程中，由于大学有着不同于其他社会组织的价值追求，追求纯粹利益的理性往往会被充满责任感的非理性所影响或掩盖，使得大学定位博弈均衡的求解更加复杂，其结果也往往会耐人寻味。因此评价者只能影响但并不能完全决定大学的定位，其影响程度取决于大学的实力，取决于大学的态度。总体上来说大学与定位的评价者之间是以合作为主的。例如，虽然大学与大学之间也往往会存在着激烈的竞争，极端时也会出现“你上我下、你死我活”的零和博弈，但由于大学所共有的知识属性，决定了大学之间的博弈最终是以合作为主线。百年以上的大学很多，但是百年以上的企业却很少，其实说的也就是这个道理。另外，大学定位有其历时性和地域性，即不同时期、不同环境会使得大学的定位期望与博弈关系发生改变。所以，如果不对我国大学定位的特征有所把握，无论方法如何进化，大学的定位实践问题始终得不到改观，大学定位的相关研究也不易得到深化。

四、研究范围及相关概念界定

（一）研究范围

（1）时间范围。从研究的时间与空间范围来看，由于大学定位的实践性与发展性，所以本研究仅在描述其本质特征时涉猎了西方及中国的整个高等教育发展与研究的历史，更多地立足于当前国内的教育管理体制环境下进行研究，时间范围更多地集中于高等教育大众化背景下，而且是自 1998 年我国高等教育管理体制改革后至今这个阶段，以使得研究更有时效性。

（2）研究对象范围。本研究的对象是指我国大陆范围内不包括民办高校及高职院校在内的公办高校。没有将民办高校列入是因为民办大学的利益主体相对公办大学来说是比较单一的，而且民办大学目前在我国的发展较弱，数量较少。不是说研究它们的定位没有价值，而是它们与各评价主体的关系没有公办大学复杂。对于当前我国的民办大学而言，现阶段主要关心着生存问题而非发展问题。当一所学校连生存都出现问题时，定位在什么位置就显得不太重要了。近年来我国出现了一些起点较高的与国外合作办学或引进国外独资的大学，由于时间短且没有在国内成为重要的群体，暂不将其列入研究范围。没有将高职高专列为研究对象是因为高职高专由于特色过于鲜明，自成系统，而且在我国的高等教育系统内它们长期处于较低水平的办学层次，无论是生源质量还是办学方向都与公办的本科院校有较大的区别。高职高专中也有部分民办院校，同样不在研究之列。另外，三本院校即独立学院，因为民办性质、与母体的联系、办学时间短、以教学型为主等原因也同样不在研究之列。虽然以上类型高校没有作为研究对象，但是本研究所揭示的意义对于这些高校同样适用。

大学与高校的关系也需要说明一下。从严格的定义上讲，高校包括大学，大学不是指全部的高校。但是在许多的研究中，在涉及一般性的规律时，高校与大学基本上是相互通用的，并不需要特加说明。在本书中也是如此，即在上下文的语境中，如没有特加说明，高校就是指本研究范围内的大学。

（二）概念界定

1. 定位

中国社会科学院语言研究所词典编辑室编的《现代汉语词典》（第6版）对“定位”的解释是：① 用仪器对物体所在的位置进行测量；② 经测量后确定的位置；③ 把事物放在适当的地位并做出某种评价。“定位”一词作为学术语言最早来源于生物学，其含义是指微生物在宿主内的一定生境或解剖位置落脚或存活的状态。简单说，就是生物有机体在一定环境中的状态。后引申到航海学、航空学、天文学、经济学以及其他领域，例如“航海定位系统”、“航空定位系统”、经济学中的“定位理论”等。

1969年，《行业营销管理》杂志刊登了被称为“定位之父”的杰克·特劳特(Jack Trout)的《定位：同质化市场突围之道》一文，文中在商业领域首先提出了定位概念。他指出：“定位是以产品为出发点，如一种商品，一项服务，一家公司，一所机构，甚至一个人，也许可能是你自己。但是，定位不是你对产品要做的事，定位是你对预期客户要做的事。换句话说,你要在预期客户的头脑里给产品定位。”①按照特劳特的理解,要想使自己的产品在市场上占有优势地位,一定要想办法把自己的产品和文化进入潜在顾客的心智作为首要目标。定位最终的结果就是使自己的产品或品牌在消费者心目中占据无法取代的位置,让品牌形象深植于消费者脑海,消费者一旦有相关的需求,消费者就会开启记忆之门、联想之门,自然而然地想到它。

“定位”一词在商业领域提出以来,成为对市场营销影响最大的观念。所有成功的大公司和知名品牌,无不把自己准确的市场定位放在发展战略的首位。定位的内涵及适用范围现在已超越了经济领域,向社会各个方面渗透、蔓延。教育领域中的定位和大学定位中所说的“定位”其最初的来源也在于此。但是随着研究的逐步深入,大学定位已经成为高等教育研究领域的一个专门词语,有了自己独特的内涵,与经济学中所说的“定位”已经大相径庭。

依据以上对定位的理解,笔者认为“定位”的内涵至少包括以下几个方面:① 定位的目的是为了使被定位的事物更好地发挥其价值或是更好地生存与发展;② 定位有两个前提,一是要认识该物,即确定该物的性质,二是要确定该物与周围环境的关系;③ 把该物放在适当的地位并对其做出某种评价,即确定该物对周围环境的作用。

2. 大学定位

目前,我国学术界对大学定位的理解大致有以下几种代表性的观点:① 大学定位即大学的目标定位(orientation),如有的大学被定位于“国内一流大学”或“国际一流大学”等。② 大学定位即确定大学的身份、地位(identity)。③ 大学定位即人们对大学的责任、义务的认定,表现为大学的使命(responsibility)。例如眭依凡认为,“是关于办学治校者希望把大学办成什么样子的一种教育理念,是他们持有的具有强烈主观色彩的关乎自己所在大学的方向选择、角色定位和特色所在的大学理想和价值追求”②。④ “位置说”(location)。

---

① [美]艾・里斯,杰・特劳特.广告攻心战略:品牌定位[M].刘毅志,译.北京:中国友谊出版公司,1999.

② 眭依凡.大学校长的办学定位理念与治校[J].高等教育研究,2001(4).

大学定位就是"根据社会的需要、自身的条件,找准自己的位置"①;大学定位即找准大学的"生态位",即确定大学在整个社会环境以及在整个高等教育系统中的位置②;大学定位即"为大学在目标对象的心中建立确定一个合适的位置"③。⑤"产品说",大学定位是指产品与消费的定位(position),"大学在提供教育产品的服务过程中,体现自身独特的价值和地位,并把它深深地刻在消费者的大脑中"④,等等。上述几种观点只是因为其特征鲜明而被摘出来,此外还有很多相类似的定义,在此不一一阐述。其实在多数的研究中,有关大学定位的定义被糅合在了一起。由此可以看出,学术界关于大学定位的内涵探讨较多,其实上述几种概念中,很多都大同小异,有的是对经济学上定位概念的引申,并移植到大学研究中;有的是实践过程中经验的总结,其科学性略显不足,表述也太烦琐;有的则直接是大学定位的分类或内容等。

笔者认为,大学定位有多个含义,它是一个定义簇。具体包括两个方面:① 大学定位从本质上讲是一个组织定位,即大学是什么样的组织,应该做什么事。② 大学定位从形式上讲是一个发展定位,是一项有明确目标、促进学校发展的决策活动。

"大学定位"与"大学办学定位"这两个概念需要进行区分与说明。大学办学定位可以看作是大学定位的下位概念,它以大学自身的定位实践为出发点,是在某种大学发展理念指导下,根据大学某个阶段的发展目标而对大学进行战略管理的重要策略与方法。但是正如高校之与大学的关系一样,大学定位与大学办学定位有时也会被互用。如现有文献中以"大学定位"为题多数文献,实际上谈的是大学办学定位,而不是以政府、社会及其他大学利益相关者为出发点的大学定位。本书在研究的过程中也会出现互用的现象,需要我们从上下文的逻辑关联中加以理解。

---

① 刘振天,杨雅文.大学定位:观念的反思与秩序的重建[J].清华大学教育研究,2003(6).

② 薛春艳.生态位理论视阈中大学定位问题的反思[J].成都教育学院学报,2004(8).

③ 项文彪.试论定位理论指导下的大学定位[J].江西财经大学学报,2003(5).

④ 张风辉.大学定位[J].河北师范大学学报(教育科学版),2003(5).

3. 多元评价

多元评价的概念借鉴于教育技术学，原指依据多元智能理论对学生的学习进行多样化的学习评价。它区别于单一类型的评价，其特征是：评价主体多元、评价内容的多元化、评价方法的多元化。大学定位研究的特征符合多元评价的特征。评价的主体方面，除了大学自身作为评价的主体外，还有来自于政府的评价、社会及大学同行的评价。不同的主体针对大学定位评价的侧重点是不同的，即内容是多元的；评价的方法也是多元的，有政府直接进行的评估行为，有社会媒体的排名行为，有同行之间的竞争与认可行为，等等。同时，每个学校都有自己的办学特色与优势，或都在努力地建构自己的特色和优势，在建构过程活动中表现出来的能力不是单一维度的数值反映，而是多维度、综合能力的体现。因此对大学定位的评价应该是多元的。本研究不涉及定位量化评价，而是侧重于宏观的研究，多元评价在此仅作为一个研究的视角，用来表明、阐释大学定位时需要面对多评价主体的关系问题，而并不涉及评价的方法问题。

五、文献综述

（一）分层、分类理论与大学定位

美国是一个对高等教育实行分类管理的典型国家，它以卡内基教学发展基金会高等教育委员会研究出版的《高等院校分类》来指导美国的高校各就各位。1973 年，卡内基教学发展基金会高等教育委员会研究出版了《高等院校分类》，并在随后的 20 年间进行了多次修改，从最初的 5 大类改为现在的 10 大类。这种大学分类为美国大学确定自己的发展定位、形成自己的个性特色提供了依据。《美国新闻与世界报道》一年一度地推出了“最好大学、研究生院及专业学院”排行榜，为美国大学找到了质量评估的参照系。分类与排行榜的结合，既有助于政府和社会对大学的“身份”确认，也有利于大学自己找准定位。当前，世界高等学校分类与定位的最新发展趋势是：① 分类维度更趋多元，分类的维度包括专业设置、学生的结构特征、院校规模、院校区位特征、本科生教育情况、社会服务及社区参与等多个方面。② 分类标准的确定过程更趋互动、民主与开放。如美国卡内基教学发展基金会通过网上互动、主动参与的形式征询不同方面对分类的意见。③ 分类标准的制定主体更广泛，多元互动更频繁。分类不但充分考虑到分类结果使用者的主观能动性，而且注重充分调动不同方面利益相关者的主动性。④ 分类重心下移，注意分类的实时性与连续性。以往的分类过于侧重学术研究，研究生教育受到特别的关注，最新的分类开始关注教学，关注本科生教育。以往的分类关注分类的连续性与稳定性，新的分类主张使用最新的数据，既关注分类的连续性，又关注分类的实时性。

近年来，我国学术界对于大学定位有一个主流的观点，叫作“要定位先分类”。研究者认为，合理而科学的分类是大学定位的前提，否则大学将不知定于何位，因此，当前最主要的任务是对现有的大学进行分类。潘懋元先生也主张先分类后定位，并一直致力于我国大学的分类研究。潘懋元认为：“正确定位的前提是科学的、恰当的分类。参照国际教育标准分类，结合中国高等教育的实际，我国的高等学校可分为三种基本类型：学术型大学、应用型本科高校和职业技术高校或是多科性或单科性的院校。高等学校的定位、特色都要围绕提高质量这个中心任务。”[①]刘道玉认为在中国高等教育系统结构中，我国的大学可分为五类：研究型大学、教学研究型大学、教学型大学、高等专科学校、民办职业教育学院。他认为，这五类大学按金字塔式排列，不同类型的大学可以在其中找到自己的位置。[②]

陈厚丰在 2004 年 3 月出版了《中国高等学校分类与定位问题研究》一书，对我国的大学分类与定位进行了研究。在该书中他比较详细地论述了大学分类的理论基础、现状及问题、国外分类的比较研究、案例分析，最后对我国的大学分类与定位提出构想和建议。[③] 马陆亭在 2004 年 8 月出版了《高等学校的分层与管理》一书，他将理论与实践相结合，注重实证研究，将管理科学的研究方法运用到了大学分层与管理的研究之中，构建了进行高等学校层次结构实证分析的

---

① 潘懋元，董立平. 关于高等学校分类、定位、特色发展的探讨[J]. 教育研究，2009(2).

② 刘道玉. 中国高校功能定位刻不容缓[J]. 高教探索，2007(1).

③ 陈厚丰. 中国高等学校分类与定位问题研究[M]. 长沙：湖南大学出版社，2004.

数学模型,分析了不同类型高校在定位方面的行为选择。①

上述两部同年出版的著作的共同之处是都以分层、分类作为大学定位的前提,都是在全面剖析国内外关于大学分类研究的基础上进行的,最后都指出要发挥政府、社会、高校三个方面的作用来促使我国大学进行合理、科学的定位。但两书也有明显的不同。首先,两者的差异体现在理论基础上,陈厚丰的理论基础是教育的内外部关系规律、"特罗理论"、高等学校社会职能理论,而马陆亭的理论基础是劳动力市场分割理论、学校能级理论。这直接导致了两者的研究方式方法的不同,一个偏理论,一个偏实证。其次,两者对于定位的主体在认识上可能有所不同。陈厚丰更多地强调社会中介机构、评价机构对大学的分类与评价,希望以此影响大学的定位。如陈厚丰详细地介绍并评析了中国武书连课题组大学分类、美国卡内基高等教育机构分类、联合国教科文组织第三级教育(高等教育)分类等。而马陆亭则从我国对于学校层次划分的实践入手,强调了国家层面对于大学的分层管理。当然马陆亭也总结了我国的学者和研究机构对于大学分类的研究,但似乎他更愿意把这些研究放在分层的框架内。正是两者对于定位主体认定的差异使我们更加清醒地认识了大学定位实际上有三个主体:国家(政府)、社会中介评价机构、大学自身。无论是国家(政府)还是社会中介评价机构,它们都对大学的办学定位具有指导作用,即在大学办学定位的问题上,政府、社会中介评价机构与大学构成了三方博弈的关系。随着大学办学自主权的扩大、国家政策的调整、社会中介评价机构的成熟,三者的博弈关系与策略将会不断地调整。

用分层的方法来指导大学定位可以看作是政府对于大学的定位,这是因为大学本身是没有高低层次之分的,只有在管理的语境中才会有分层。我国大学当前的管理方式是政府主导下的金字塔式管理。卢晓中认为,高等教育分层定位是当代中国高等教育发展逻辑的必然。虽然对高等教育分层定位和发展在理论认识上并无多大争议,但实践上有一些问题没有很好地解决,这些问题主要包括高校定位的力争"上位"问题、高校定位的动态发展问题、高校总体定位下的

---

① 马陆亭.高等学校的分层与管理[M].广州:广东教育出版社,2004.

内部关系问题。寻求对这些问题的正确认识，对于中国高等教育的发展有着重要的现实意义。① 但是从此文所探讨的当前对高校分层定位的四大层次(第一层次是研究型大学，第二层次是教学科研型大学，第三层次是教学型大学，第四层次是高职高专)来看，显然作者在此将分层与分类混在了一起。分层与分类确有联系，但是两者的实施主体是不同的，对大学进行分层与定位的主体是政府，是从便于政府管理的角度来划分的；对大学进行分类定位的主体多是社会科研机构或评价机构，其主要目的是对于大学的办学成效作了更为恰当的评价。其实，当前我国高等教育以公办大学为主的状况，社会评价机构的实力尚不足以影响一个高校的发展前途时，分层与分类往往会混淆在一起。

关于高等教育分层的问题，马丁·特罗认为，高等教育分层的意义不在于对高等院校进行类别说明，而是对高等院校的变革方式进行探讨，是教育生理学而不是教育解剖学。② 张宝蓉认为，分层的意义不在于类型本身，不是目的而是手段，是通过分层了解不同层次高等院校的形成与发展过程，因而探讨高等教育分层背后的影响因素就显得尤为重要。③

当前，我国除政府以外的主要的教育评价机构都是以分类为指导的。如《中国大学评价》课题组组长武书连主持的大学评价，就曾将我国的大学分为：研究型大学、研究教学型大学、教学研究型大学、教学型大学、高职高专等类型。

也有一些学者并不太认同分类与大学定位有着必然的联系。如邓耀彩借用哈耶克的自生秩序理论及阿什比关于高校类似生物有机体的比喻，认为“高校分类不具有指导高校定位的能力，因为分类本身并不具备预测并指导实践的能力，强调分类无助于各高校办出特色，反而会使高校失去特色”④。陈厚丰在与邓耀彩商榷的文章中指

---

① 卢晓中.对高等教育分层定位问题的若干思考[J].高等教育研究，2006(2).

② [美]伯顿·克拉克.高等教育新论——多学科的研究[M].王承绪，等，译.杭州：浙江教育出版社，2001：131.

③ 张宝蓉.学术、政府、市场在高等教育分层中的互动与制衡——伯顿·克拉克高等教育新论评析[J].大学教育科学，2005(3).

④ 邓耀彩.高校定位：自生秩序还是管制[J].高等教育研究，2006(2).

出："高校定位应是自生秩序与分类引导有机结合。在高等教育系统内，自生秩序是高校定位的内因（内熵），政府对高校定位的分类引导是外因（外熵）。"①由此可见，在定位问题上，目前占主导因素的政府需要更多地下放权力，以帮助大学的自生秩序尽快建立起来。

（二）大学宏观管理模式与大学定位

（1）伯顿·克拉克的三角分析范式。美国社会学家伯顿·克拉克在其《高等教育系统——学术组织的跨国研究》（1983）一书中，以美国、加拿大、日本、英国、意大利、德国、法国、瑞典、苏联等国家为例，研究它们的大学与政府、市场的关系，并设计了一个能够描绘三者之间相互关系的三角式。如图 0-1 所示。②

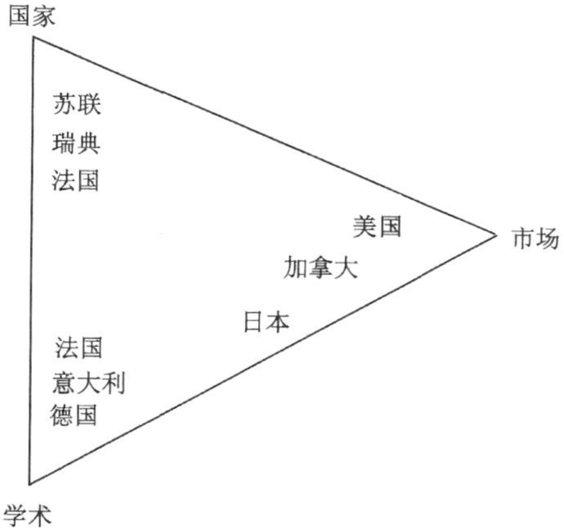

图 0-1 大学与政府、市场的三角关系模型

在这个三角式中，依据各国政府对大学管理模式的不同，其大学—政府—市场关系呈现出一种从紧密到松散的不同排列状态，依次是"政府统一管理"到"市场调节"。

20 世纪 80 年代以来，市场作为一种重要的力量在大学的发展

① 陈厚丰. 高校定位：自生秩序与分类引导有机结合——兼与邓耀彩博士商榷[J]. 高等教育研究，2006(6).

② [美]伯顿·克拉克. 高等教育系统——学术组织的跨国研究[M]. 王承绪，等，译. 杭州：杭州大学出版社，1994：120-145.

过程中影响力度加大,大学、政府、市场的关系问题受到学者们的重视。学者们在克拉克的研究基础上,又创生出许多模式。具有代表性的有:① 威廉姆斯模式。英国学者加雷斯·威廉姆斯(Gareth Williams)依据以政府的角色为中心列出六个模式:三角鼎立、政府支持、政府促进、政府仲裁、政府供应、政府消费。这样就将大学所面对的政府、市场及学术三种势力的强度与方向进一步图像化,并确认了政府在大学与市场消费者之间扮演着不同的角色。[①] ② 荷兰学者弗兰斯·范富格特(Frans Van Vught)在其《国际高等教育政策的比较研究》一书中引入了中介组织这一角色,论述了中介组织在协调大学、政府、市场之间关系并促进三者有效联系的重要作用。[②] ③ 日本东京大学教授矢野真和从资金筹措的角度将大学的决策权及管理模式分为政府主导型与市场主导型两类,每一类细分为三个亚类。[③] 我国的学者在此基础上结合我国的实际也对三者关系及其相互作用进行了研究,史静寰(2006)建立了一个国家、知识、市场、社会"四因素环绕互动性"关系模式[④],董云川、张建新(2009)引入中介组织建立了"复合型高等教育管理模式"[⑤],孟丽菊(2010)借鉴生态位理论建立大学—政府—市场关系的历时与截面生态位模型[⑥]。

(2) 三螺旋理论与大学定位。从理论的传承上来说,三螺旋理论也是伯顿·克拉克三角理论的发展。它的意义在于确立了创业型大学的概念,为大学在定位时提供了新的视角与参照物。三螺旋理论模式由"国际大学—产业—政府三螺旋大会"奠基人之一、美国哥伦比亚大学亨利·埃茨科威兹博士提出。该理论认为,未来社会创新的组织机制将是"大学—产业—政府"三螺旋相互作用的机制,大

---

① Barbara S Porn. Convergence or divergence in international higher education polices, lessons from Europe[EB/OL]. http://www.edueause.edu/ir/library/pdf/ffps.pdf.

② [荷]弗兰斯·范富格特.国际高等教育比较研究[M].杭州:浙江教育出版社,2003.

③ [日]矢野真和.高等教育的经济分析与政策[M].北京:北京大学出版社,2006.

④ 史静寰.构建解释高等教育变迁的整体框架[J].清华大学教育研究,2006(3).

⑤ 董云川,张建新.构建我国高等教育评估行业协会的思考[J].高教发展与评估,2009(2).

⑥ 孟丽菊.基于生态位理论的大学—政府—市场关系研究[D].大连:大连理工大学,2010.

学处于“三螺旋”创新系统的重要地位，包含了研究型大学的创业型大学开始崭露头角。创业型大学由四根柱石支撑：一是学术带头人能够形成和实施自己的战略构想；二是具有通过授予专利、颁发许可证和孵化等方式进行技术转移的组织能力；三是在管理人员、广大师生中普遍存在着创业精神；四是能对大学资源（物质财产和知识产权）进行合法控制。衡量是否是创业型大学的标准有五条：① 知识资本化；② 与产业、政府保持相互依存性，不是与世隔绝的象牙塔；③ 相对独立性；④ 生成混成组织形式，如研究中心、孵化器、科技园等；⑤ 自我反应性，能为完成第三使命不断调整教学与研究方向。[①] 我国学者反对该理论的理由至少有两条：第一，大学的最佳选择还是应限于教育使命和研究使命，然后通过完成这两个使命间接实现在经济和社会发展中的作用。第二，并不是每一所大学都适合于创业型模式，中国的大学工科、商科相对薄弱，不少综合性大学以文、理基础学科见长，不具备直接从事创新、创业的基础。赞成者的理由主要是：第一，封闭式的象牙塔难以为继，开门创业是国际上许多大学的发展趋势。如麻省理工学院和斯坦福大学因周围云集着高科技公司而受追捧的程度超过哈佛。第二，参与国家创新体系将给中国高校一个难得的发展机遇，不仅能大大提升大学在社会中的作用和地位，也将带动教育教学和科研水平的提高。这很可能是一个不进则退、后来居上的重新洗牌的过程，同时有助于我们理解国家创新体系下高校的发展与定位。

对于大学定位要不要以产业化与市场化理论为指导，国内的研究有两种相对立的观点。例如，雷洪德认为，大学是一个以学术为本的场所，应定位在文化里；它应该学术化，不应该市场化和产业化。[②] 而张风辉却认为，大学欲获得准确的定位，应该对高等教育市场、自身状况、竞争对手进行认真分析研究，从而确定目标市场，在此基础上制定人力资源产品定位策略与大学的定位策略。[③] “2011 计划”的出台及实施过程似乎能验证这些矛盾观点是真实存在着的。

---

① ［美］亨利·埃茨科威兹．三螺旋［M］．周春彦，译．北京：东方出版社，2005．

② 雷洪德．大学的定位［J］．有色金属高教，2001(4)．

③ 张风辉．大学定位［J］．河北师范大学学报（教育科学版），2003(5)．

“2011 计划”全称高等学校创新能力提升计划，是继“985 工程”、“211 工程”之后，我国在高等教育系统又一项体现国家意志的重大战略举措。2013 年 4 月 11 日，由北京大学、南京大学、中国科学技术大学、哈尔滨工业大学、北京航空航天大学、四川大学、河南农业大学、北京交通大学、中国政法大学、天津大学、南京工业大学、浙江工业大学等校牵头的首批 14 家国家协同创新中心通过“2011 计划”认定，成为首批“2011 计划”建设体。“协同创新”一词在国内高等教育领域风靡开来，各级各类协同中心遍地开花，似乎如果哪所高校不提协同、不依靠哪所协同中心就跟不上发展的要求。张力认为，从目前我国产学研合作态势看，高校、科研院所、企业之间基于利益驱动的自愿协同创新尚未成形，若要实现高水平、高起点的协同创新，势必需要在健全政府引导调控下外部需求驱动机制上有突破性进展。① “2011 计划”实施 4 年后，根据《国务院关于取消非行政许可审批事项的决定》(国发〔2015〕27 号)的规定，教育部取消了协同创新中心的认定。

（三）院校研究与大学定位

美国学者凯勒 1983 年出版的《学术战略：美国高等教育管理革命》(国内译作《大学战略与规划——美国高等教育管理革命》)一书被认为是战略管理在高等教育领域内流行的催化剂。企业制定战略计划的技术方法被广泛用于学校和地方教育当局制定发展战略工作中，并产生了一系列专著、论文以及有关成功经验的案例。② 美国学者丹尼尔·若雷等《从战略到变革——高校战略规划实施》一书 2006 年引入我国。此书描述了 16 种高校的战略选择以及围绕它们存在的问题，并以学校的资源基础和哲学取向为基础，将 16 种选择变成了一个模式(如图 0-2 所示)。他将 16 种高校放在了这一个二维的模式中进行比较，其好处是具有可比性，有利于高校在定位与制定战略时，明确怎样才能成为另一种类型的高校。丹尼尔·若雷认为，高校定位的理想是在全面分析优势、劣势、机会与威胁的基础上，

① 张力. 产学研协同创新的战略意义和政策走向[J]. 教育研究，2011(7).

② [美]乔治·凯勒. 大学战略与规划——美国高等教育管理革命[M]. 别敦荣，主译. 青岛：中国海洋出版社，2005.

使命、追求卓越的渴望、管理、资源的有效统一。该书第五章用院校研究的方法从分析学校、分析竞争、分析市场定位、市场再定位四个方面对学校定位作了战略表达。①

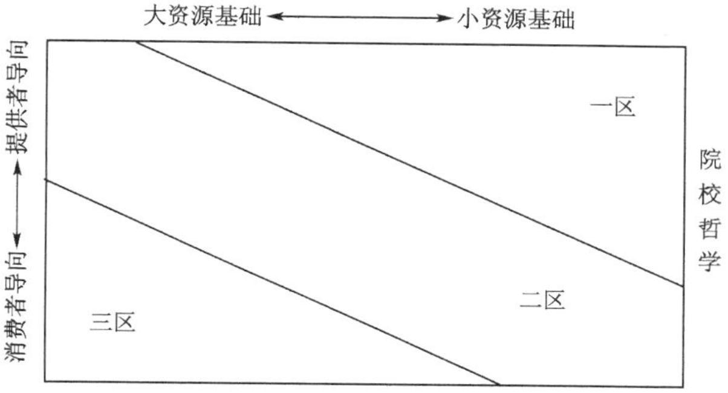

图 0-2 丹尼尔·若雷的大学战略选择模式

院校研究是 20 世纪 60 年代中期在美国及西欧一些主要的高等教育发达国家里形成的一个专门研究领域。院校研究,顾名思义,是对高等院校进行的研究。② 具体的定义是:在一定理论观照下,运用科学(特别是定量)的方法和程式,对单个高等院校运行中的实际问题进行的研究,即院校对自身的研究。院校研究的特征,在研究对象上是研究单个高等院校;在研究方法上,强调科学性和定量性,特别是讲究定量性;在职能上是进行数据的收集、整理与分析;在研究内容上,主要是需求定向,即需要什么研究什么;在研究结果上具有个别性。美国有 3000 多所高校,无论是万人以上的研究型大学,还是规模很小的社区学院,绝大部分都建立了院校研究机构。院校研究的目的是做发展规划和使命规划,大学的定位是其必不可少的环节。③

我国自 20 世纪 80 年代初开始重视院校研究,以各高校内纷纷成立高等教育研究所为标志。20 世纪 90 年代末,国外的院校研究

① [美]丹尼尔·若雷,赫伯特·谢尔曼.从战略到变革——高校战略规划实施[M].赵艳,赵炬明,译.桂林:广西师范大学出版社,2006:19.

② 赵惠君.院校研究的现状及其动因[J].高教发展与评估,2008(6).

③ 赵炬明.发展院校研究,建设现代大学[J].西安欧亚学院学报,2005(4).

概念与研究方法引入我国，21 世纪以来院校研究获得了巨大的发展，2004 年在华中科技大学召开了全国院校研究第一届年会，一直延续到现在。从近年来的研究现状来看，每一类、每一所学校都有专职人员从事院校研究。丁三青(2005)研究了煤炭高等教育体系中煤炭高等院校的管理战略，提出了“绿色矿业”的学科发展与人才培养问题；刘志民(2003)研究了农科院校发展定位模式的构建，表述了 13 所农林院校的发展定位和农林院校发展定位选项模式；柯文进(2008)对财经类大学定位进行了研究；徐静镠(2008)对我国财经类本科院校办学趋同现象进行了解析；以潘懋元(2009)为首的课题组做了“地方本科院校的定位与特征研究”；叶巧先、陈敏界(2003)提出了大众型大学的概念——以培养应用型、技术型人才为主要目标的各种类型的高等教育机构的统称，并对于大众型大学的定位进行了研究；张振宇(2008)将地市级高校所属的新建本科院校命名为“州郡学院”，并对其发展定位进行了研究。以上这些研究用定量研究的并不多，和美国“原汁原味”的院校研究有差异，但由于院校研究在我国仍处于起步阶段，故将上述成果算作院校研究的成果。1998 年高等教育管理体制改革以后，大量的行业特色院校、地方本科院校及大众型本科院校属于高等教育系统中情况最复杂、最不安于其位的学校群落，其发展定位研究也较有现实意义。每一所大学的具体定位研究成果体现在各校的发展规划中，由于成果较多，在此不详细介绍。

（四）博弈论与大学定位

国外有关博弈论与大学管理的研究可以分为以下几类：

第一，在高等教育系统内研究大学的种种博弈关系。伯顿·克拉克指出：“高等教育的组织系统本身就显然是一个妥协的产物”，“就高等教育而言，任何重大事业的成功都是各种互相矛盾的价值观念彼此妥协的产物”。①

第二，运用博弈的思想研究现代大学制度中的新生事物。例如前面提到的“大学—产业—政府”三者关系为重点的三螺旋理论，以及带来的创业型大学概念的出现。克拉克·科克在《大学的功用》中

---

① [美]伯顿·克拉克. 高等教育系统——学术组织的跨国研究[M]. 王承绪，等，译. 杭州：杭州大学出版社，1994：284.

提出了多元化巨型大学的概念，典型地描绘出多元化社会价值对大学制度带来的影响："现代大学是一种多元的机构，在若干种意义上的多元；它有若干个目标，不是一个；它有若干个权力中心，不是一个；它为若干种顾客服务，不是一种；它不崇拜上帝，它不是单一的、统一的社群；它没有明显固定的顾客；它标志着许多真、善、美的幻想以及许多通向这些幻想的道路；它标志着权力的冲突，标志着为多种市场服务和关心大众。"[①]可见，多元化社会价值的出现使得大学内权力的冲突复杂化，为大学的博弈创造了环境；同时，多元化的办学实践为大学定位拓宽了空间。

第三，用博弈的思想研究大学内部学术权力及行政权力。韦伯说，"我们必须指出，即使大权掌握在一个不懈地追求学术绩效评估客观性的人手里"，当他拥有大权而不受制约的时候，"仍旧有被他的个人偏爱与兴趣好恶所左右的危险"。[②] 可见，大学知识分子只有拥有了自己的学术权力及其组织，才有可能拥有实权和话语权，才能够与大学中的行政权力及其组织进行有效博弈，才能实现自由。加拿大学者约翰·范德格拉夫的《学术权力——七国高等教育管理体制比较》[③]在我国产生很大的反响，其内容经常得到学者的引述。范德格拉夫在这本书中比较分析了西方七国（德国、意大利、法国、瑞典、英国、美国和日本）高等教育管理权力结构的主要特征。他认为，不同国家大学的学术权力与政府权力的关系是不一样的，但是教授的学术权力与政府行政权力的博弈是贯穿其中的，而且会一直存续下去。

第四，运用博弈的思想研究大学各项治理措施的制定。2004 年英格兰高等教育法案确定了不同学校、不同学科可以收取不同学费的差异收费原则。英国兰开斯特大学管理学院研究生院院长，英国《教育经济学》杂志创办人及首任主编，国际知名教育经济学家盖伦特·琼斯依据学校间课程的收费差异，运用博弈学的理论，根据新的政策框架，构建了在新政策下大学之间通过定价行为相互竞争的学

---

① [美]克拉克·克尔. 大学的功用[M]. 陈学飞，等，译. 南昌：江西教育出版社，1993.

② [德]马克斯·韦伯. 韦伯论大学[M]. 孙传钊，译. 南京：江苏人民出版社，2006.

③ [加]约翰. 范德格拉夫，等. 学术权力——七国高等教育管理体制比较[M]. 王承绪，等，译. 杭州：浙江教育出版社，2000：189.

费决定模型。[1] 这是一个以价格为控制变量的博弈模型，它认定大学之间在博弈过程中是相互竞争的。虽然国情不同，但这一原理可以应用于我国不同类型的学校在区域定位中的方法选择问题，还有对人才培养中生源的选择问题。例如，是招收高收入家庭的学生还是招收低收入家庭的学生，是照顾公平还是青睐效率，人才培养的目标如何定位，等等。

国外的研究成果中虽然很少直接将博弈论和定位联系起来，但这些博弈的关系与机理研究，显然有助于我们理解大学办学定位中的种种关系问题。

国内研究方面，近年来随着学者们对于大学与政府、社会之间关系研究的深入，"博弈"这个词语已经登堂入室，成为一种重要的研究视角与方法。多数的研究成果虽然并没有直接和大学定位相挂钩，但正是它们充分地论述大学、政府、社会之间的关系，才为我们用多元评价的视角考虑大学定位问题提供了坚实的理论支撑。下面对这些研究成果进行简要的述评。

邓耀彩认为："在一种自由的环境中，高校的定位可以看作面对复杂环境的博弈，在这一博弈过程中，高校的最佳应对难以预测。"[2] 邓耀彩借此认为，无法依靠分类理论来指导高等学校的定位，尤其是因为我国当前正处于高等教育高速发展时期，而在这个时期，自主秩序将更有利于大学的发展。这无疑给大学的举办者——政府提了一个醒，即过多的管制是无益于大学定位的。

周光礼认为："大学定位就是学术自由与社会干预的整合认同。"[3]学术自由可以看作是大学的办学活动所要坚守的本质，而社会干预则是大学所面临的复杂的社会环境，学术自由必须要在与社会干预的整合认同中寻找一条适合自身发展的道路。

冯向东认为，高等教育多样化是在社会竞争中由学校自主办学形成的，要用一种动态的眼光来看待所谓学校的"定位"。高等学校

---

① ［英］盖伦特·琼斯. 高等教育定价：2004 年英格兰高等教育法案对大学的政策意义［J］. 杜育红，周雪飞，译. 教育与经济，2005(2).

② 邓耀彩. 高校定位：自生秩序还是管制［J］. 高等教育研究，2006(2).

③ 周光礼. 学术自由与社会干预的整合认同：大学定位的再思考［J］. 现代教育研究，2000(4).

制定自己的发展战略是审时度势下的理性决策。政府的职能是完善社会竞争机制和宏观调节手段,构建合理的高等教育结构。① 这种动态的眼光,强调竞争、强调自主办学的思想,其实就是博弈的思想。在历史的任何一个阶段每所学校都处在某个相对的位置上,这或者可以称为"现实的定位"。但这种"定位"是变动不居的,而发展则是永恒的,大学办学定位的博弈也将是永恒的。另外,冯向东在《高等教育结构博弈中的建构》一文中认为,中国现实的高等教育结构是在政府与高校的博弈中形成和发展的。以对资源的分配和占有为纽带,政府与高校之间形成主与从、一与多的博弈关系。高等教育系统中出现的无序、趋同和攀高等现象,是在现行的管理体制和资源配置机制下博弈的结果。优化高等教育结构的过程,是一个"在博弈中建构"的过程。要建构一个充满活力、宏观有序的高等教育系统,必须强化市场竞争机制和赋予高校充分的办学自主权。②

阮李全、胡耘通认为,在高等教育领域内高等教育资源的配置过程就是一场高等教育中政府规制与市场模式的博弈。……政府关注于教育的政策、制度问题,市场本质在于解决资源需求的矛盾,此时形成了公平与效率的冲突。两者在教育领域都是不可缺少的配置手段,进行着持续的博弈,而且两者会在目标中达成互动。③

高宏认为,学术自由与国家干预具有内在的联系与矛盾,彼此间的冲突与博弈此消彼长,以平衡促进和谐,推动发展,达到共赢,但平衡和谐则受具体的社会历史条件的制约,之间的张力有所不同。大学发展活力需要国家尊重大学自身发展规律,及对学术追求的自由,避免因强行推动而进行的大规模突变对大学发展造成伤害,应当体现国家控制的限度。大学自身也要顺应时代前进,同时也要形成自我发展和自我制约机制,克服自身的盲从,提升独立思考和创新的品质,彰显大学的本质活力。④ 此文显然有助于我们理解大学在坚持学术自由的同时如何面对来自于国家干预的压力,如何有效地利用

---

① 冯向东.高等学校定位:竞争中的抉择[J].北京大学教育评论,2004(2).

② 冯向东.高等教育结构博弈中的建构[J].高等教育研究,2005(5).

③ 阮李全,胡耘通.高等教育改革中主体角色定位的博弈及重塑——以厘清社会、政府、市场、大学之间关系为视角[J].黑龙江高教研究,2009(7).

④ 高宏.学术自由、国家干预之冲突与博弈[J].高等农业教育,2007(3).

时代环境的进步与变化，审时度势地与政府进行博弈。

林荣日认为，中国高等教育制度变迁的过程是高校、地方政府、社会等各种力量反复博弈的过程，而每次博弈都会产生新的力量组合，这种力量组合就构成了暂时的新的力量均衡。①

吴国娟等在《大学权力博弈探析》一文中从大学组织的特定场域、大学权力的历史变迁、与其他组织的差异等来分析大学权力关系及其博弈的特征。她指出："一部大学发展史，就是一部大学权力博弈的发展史。……大学中的权力关系从宏观方面主要指大学与参与大学事务的外部环境之间的权力关系，其中大学与政府之间的权力关系是最主要的权力关系。"②争夺权力就是争夺话语权，就是争夺利益，因此权力博弈与大学定位博弈是紧紧联系在一起的，以权力为切入点谈大学与政府的博弈关系也是理所当然的。另外，"权力—博弈—定位—发展"可以组成一个相对稳定的循环。只有发展了才能获得更多的权力与话语权，才能有更多的博弈资本，才能更好地实现定位及发展的目标。

还有一些学者从高等教育的功能与价值中分析。刘东在分析了现代大学的功能与模式历史的基础上，剖析了各种大学发展观。他认为："其实正是这种纷争不已的解释和再解释，才构成了大学博弈的最基本形式。而且，也正是在各种论说的不断博弈中，在各种思想的热烈交流中，大学这种特定的文明形式，才既有可能步入毁灭，也有可能再次崛起。"③张红峰在《高等教育价值取向博弈分析》一文中指出，高等教育发展价值取向的博弈要围绕公平与效率问题来谈，因为这样"既可发现即时博弈带来的矛盾性，又可发现长远博弈带来的统一性"。他认为，政府、高校和学生作为利益主体，各自的博弈行为选择有可能导致集体的理性，也有可能导致集体的非理性。最后，他认为"通过行为策略的调整以达到期望公平的均衡，则是消除集体非理性的一种途径"。④ 高等教育的价值取向从某种意义上来说，就是

---

① 林荣日．制度变迁中的权力博弈——以转型期中国高等教育制度为研究对象[D]．上海：复旦大学，2006．

② 吴国娟，李昌．大学权力博弈探析[J]．辽宁教育研究，2007(1)．

③ 刘东．多向度视角解读大学[J]．新华文摘，2009(18)．

④ 张红峰．高等教育价值取向博弈分析[J]．教育发展研究，2008(11)．

大学办学定位的价值取向，而行为策略的调整可以看作是大学在办学定位过程中战略措施的调整。但是对于大学办学定位来说，利益主体不仅仅是政府、高校和学生，还有企业及其他社会组织等。这需要我们在处理相关利益者关系时，考虑是把学生放在高校的整体内，还是单独划分出来的问题，但这只是个技术性的问题。因此，基于利益主体的理性博弈将有助于我们找寻大学办学定位价值取向及策略。

一些学者从制度建设的角度切入进行分析。唐安奎认为，现代大学制度的建立过程即大学制度重构的过程，大学制度在重构的过程中会面临着大学制度的主导者与反对者之间根据利益、力量对比以及认知上的改变等，不断调整策略，相互博弈，相互妥协，其结果往往是新制度融入原有制度系统，大学组织内的个体逐渐接纳新的制度。① 现代大学制度是大学定位的环境，它从宏观和微观两个方面影响大学的定位，宏观上是国家政府与大学、社会与大学对大学制度的影响、指导与设计，微观上大学内部各种管理制度，体现在各种权力的制衡与妥协上。不同的大学对于现代大学制度的不同理解决定了其办学定位的方向。例如，有些大学认为大学制度就是国家的制度，国家让怎么办学就怎么办学，其办学定位就缺失了自主性，更多地体现了国家的定位。熊华军以新制度经济学中的委托代理理论为基础，认为“大学政策实施中存在着大学外部委托代理关系（如国家和大学、社会和大学关系等）和大学内部委托代理关系（如大学管理人员和大学非管理人员、学者团体和学生团体之间等），其中，国家和大学关系是最基本的关系”。他认为，由于信息不对称造成了大学政策实施中存在着大学与国家、大学与社会、大学与大学之间的利益博弈；由于追求的利益目标不一致，在政策的实施中就会出现委托代理问题——道德风险和逆向选择。② 而恰当地运用博弈论则会最大限度地降低这个风险，从而使各方在政策的实施过程中做出较为恰当的选择。

一些学者以高校活动的经济利益为切入点进行分析。谢凌凌、

① 唐安奎.略论大学制度的重构[J].高等工程教育研究，2006(4).

② 熊华军.大学政策实施中的委托代理问题分析[J].中国地质大学学报(社会科学版)，2005(2).

龚怡祖在《高校风险生成机理:多学科逻辑推演》一文中认为,从经济学角度分析,高校各利益群体间的相互行为实质上是一种风险与收益的博弈,是非合作博弈,即纳什均衡。[①] 除经济学外,该文还从政治学、管理学、心理学及生态学分析了高校风险生成的机理。这为我们研究大学办学定位的博弈提供了一定的视角和理论支持。李碧虹以公共支出为切入点,探讨了政府与大学之间的博弈关系。她认为,大学与政府正是在投资与控制中分别比较自身成本和收益,形成博弈;博弈结果表明:少投入少控制是大学与政府在博弈中的占优策略。[②] 李爱良以大学收费为主题,以利益为核心,探讨了大学收费非均衡博弈的政策归因问题。他认为,大学收费由于利益的深度嵌入必然导致政府、高校与学生的政策博弈。这种博弈从理想层面看,应该是一种均衡博弈,以实现政策利益分配和调整的帕累托最优。不过,大学收费现实中,政策存在的某些缺陷,致使政府、高校与学生的博弈呈现出典型的"非均衡性"。政策博弈的非均衡性,不仅导致高等教育利益在政府、高校与学生间分配的失衡,也影响政策本身合理、公正地运行。[③] 政策是影响大学定位的重要因素,利益博弈则是大学定位的基本出发点之一。该文对于大学定位过程中如何正确合理地解读相关政策,如何巧妙地利用相关政策,甚至是影响国家或地方政府相关政策的制定,均有借鉴意义。由于高等教育研究对象的复杂性以及可能的学科障碍因素,多数学者仅是借用博弈论的思想来分析,运用博弈模型来分析的研究成果并不多。

(五)基于研究文献的几点认识

(1)大学定位的本质和价值研究缺乏。定位一词在我国高教界流行至今也有15年以上的时间了,但同时国内高等教育的办学层次与格局基本上没有发生太大变化,没有听说哪所学校因定位较好而办学层次得到了质的飞跃,倒是有很多学校在政府的主导下通过合并,大幅提升了其在国内排行榜中的位置。通过对近10年来的文献梳理可以发现,研究的重点集中于方法论,即如何对大学进行定位。

① 谢凌凌,龚怡祖.高校风险生成机理:多学科逻辑推演[J].高教探索,2010(1).
② 李碧虹.论政府与大学在公共支出中的博弈[J].高等教育管理,2009(1).
③ 李爱良.大学收费非均衡博弈的政策归因分析[J].江苏高教,2010(2).

这是由于高等教育的发展、大学办学自主权的扩大及大学间的竞争越来越激烈，大学定位的紧迫性突显决定的。研究者们直接在对某所具体大学认识的基础上从方法论来探讨大学定位，体现了实用和功利的原则。这些研究也确实为大学定位的具体方法提供了可供借鉴的路径和指导性建议。但是如果缺乏对大学定位的本质和价值的探讨，方法论研究的作用必然有限，而且方法越是精细，就越有可能偏离方向。目前的研究成果中恰恰对大学定位的本质和价值的探讨比较缺乏。许多研究只是泛泛地涉及大学定位的概念，就直接转向了定位方法的研究。本质探讨的缺乏使得方法探讨的根基不牢，理论依据不够，因此会出现就事论事、经验式的大学定位研究。另外，高校定位涉及其价值取向，而价值探讨不足会对整个高等教育系统及大学本身定位的意义认识不足。方法论研究能提供一些实践中的材料，但无法对大学定位有更深刻的认识。大学定位实际上是为学校的发展规划提供一个前提和基础，没有对大学定位本质和价值的深刻认识、对大学自身的准确把握，大学定位研究对学校的发展规划指导性作用也就不强。大学定位的价值是与功能相联系的，所以本研究将从大学的功能入手来探讨大学定位。功能定位也是大学定位的一个重要内容，即大学应该如何进行人才培养，如何进行科学研究及如何进行社会服务等。

（2）对“定位难”这一问题应用辩证的眼光来看待。“定位难”是学术界共同关注的话题。许多学者认为大学应该各就各位，各安其位，有所作为。例如，重点大学不应把理应承担的精英教育降为大众教育，一般高校也不应该盲目“拔高”自己。综合来看，谈及大学定位存在的问题，不外乎两种，一种是趋高，一种是趋同。所谓趋高，是指部分大学“不安分守己”，盲目拔高自己的办学层次，是专科的纷纷想升本科，是“学院”的都想改成“大学”等。因此，大学功利性的趋高定位往往会成为人们批判的众矢之的。笔者倒认为，“功利性”与“趋高”符合大学定位的内涵。若没有一个好的发展目标，不能算是个好的定位，我们要防的只是急功近利与盲目趋高。例如美国《莫里尔法案》所催生的52所职业性的赠地学院，经过150多年的发展，根据卡内基分类2000年版，有51所赠地学院已演变成为研究型大学。设想如果这些大学没有趋高的目标，而是安分守己地仅将学校定位为农科或某一单科的职业院校，能有今天的成就吗？

与趋高相比，笔者认为当前我国大学定位千校一面的趋同现象更应值得深思。趋同的大学定位是比较容易制定的，借鉴几个同层次或同类的大学定位再结合本校的一些实际关上几天门就制定出来了。这样趋同的大学定位其危害也是严重的，一是使教育主管部门对教育资源的分配难度加大，最后只能"抓大放小"，使大学对于教育资源的争夺更加惨烈；二是使得大学在趋同中失去了办学活力，定位失去了意义。

造成大学定位趋同的原因有很多，有教育管理体制的原因，有院校自身教育科研水平的原因，等等。笔者认为现有的高校分层与分类理论的不完善给大学定位带来了误导，是一个非常重要的原因。因为在实践中比较容易操作，分层与分类理论一直以来被各大学奉为定位的至宝，要定位先归类，看看自己学校属于哪个层次，属于哪一类，然后再谈其他。这样，同层次或同类别的大学定位想不趋同也难呀！其实，分层主要是与管理紧密联系在一起的，合理的分层有助于教育主管部门对高校进行高效率的管理；分类主要是为评估服务的，是社会中介机构对高校的教育质量进行评价所采用的主要方法。但现实是，我国的大学离开了分层与分类就不知道如何定位了，这不能不说是中国大学的遗憾。换句话说，层次划分得如何合理，分类的各项指标如何科学，都不会改变目前高校定位的趋同性特征，提高不了大学定位与办学的活力。所以，笔者将研究的重点没有放在如何对大学进行分层或分类定位上，而借鉴现有大学分层与分类的现状，进行逆向思维，综合分析影响大学定位的诸多要素，找出大学定位的特征，并将其分类。即不是先分类后定位，而是先研究定位的共性后研究定位的策略。这样，定位的趋同将不再是一个问题，起码不是主要的问题。如果能够引导各大学根据自己的情况比较容易地找到属于自己的定位特征，然后又能比较清晰地知道如果要趋高定位的话就必须要在某某地方有所突破，这也算是本书的一个小小贡献吧。

(3) 大学定位研究既是分析定位机理的研究，也是为管理者提供决策的研究，更是一种对现有制度进行理性批判与提出建议的研究。大学的准确定位在很大程度上是对政府行为和大学行为的考量。现今政府制度与资源供给相对不足，同时大学很多行为的合理性与合法性受到了质问，各个高校为了自己的利益形成的竞争应该是一种良性竞争而不是恶性竞争。大学定位研究不仅为大学管理决策者提供决策思路,而且应该对政府的制度供给、大学行为的合理性与合法性进行质疑并予以理性批判,进而提出合理化的建议。随着我国高等教育的发展,大学定位研究将会越来越重要。高等教育研究者有责任去做更深入的探讨。

再以大学定位的趋同为例。每一种类型、层次的大学,都有它各自的"生态位",跃位、错位都不利于高等教育系统的稳定和发展,无序的竞争只能破坏高等教育生态系统,而不是促进其发展。国外大学也有趋同的现象,它们解决大学定位趋同的机制是:当一所大学的定位转型后,它就放弃以前的部分职能,而这些被放弃的职能又由高等教育的其他部分来完成。这种"替代式"的转型在一定程度上克服了定位趋同所带来的弊端。同时,如果把大学看作是一个生长着的有机体,大学定位也是分阶段的,趋同也是大学定位发展的一个阶段。待超越这个阶段后,高等教育系统内的大学群体才会生长成一个错落有致、层次分明、类型相对稳定的群落,这时的大学才会沿着一定的规律或规则科学而合理地进行定位。所以就有学者认为,高校定位趋同的原因在于高校举办者的办学目的过于笼统,政府对学校的投入及学校社会地位的确定主要取决于学校的层次,还有国家政治、文化因素的负面影响及人才市场的发育不充分、不健全等。① 可见定位既受高校自身发展阶段的制约,又受高校所处的社会发展阶段及市场发育程度的影响。对于如何解决大学定位趋同现象,多数学者认为,趋同不是大学组织追求的目标,大学定位关键在以特色立校。对于政府而言要调整政策导向,对于社会而言要消除传统政治文化的负面影响、完善市场用人机制,对于高校而言要在服务面向、专业方向等方面转变办学观念。这些也充分说明了我们用多元评价的视角研究大学定位的现实针对性与价值。

(4) 大学定位研究应重视评价者及其之间的关系研究。大学定位难的客观存在催生出人们对于定位方法的追捧。然而如前所述,分类的指标再完善,也依然改变不了大学定位难的现状与困境。对大学而言,定位是大学办学的实践活动之一,它既有特殊性,但又和

---

① 王义遒.我国高校的恰当定位为什么这么难[J].高等教育研究,2005(2).

我们关注的大学其他活动从本质上来讲并无二样。大学的发展需要一个合适的环境。大学一方面在适应环境,另一方面也在选择环境。大学不可避免地要和所在环境中的各个利益主体发生联系,不同的利益主体对大学都有不同的期望与要求。大学在面对这些利益主体时所做出的行为选择被人为地赋予了不同的价值色彩。如大学在为整个人类社会而追求"高深学问"的行为被称之为"认识论价值",在为某个国家和地区发展服务的行为被赋予"政治论价值",在为学生人格完善方面的行为被理解为"人本论价值",等等。在当今社会,单独追捧大学的哪一种价值都是有失偏颇的。这才有了大学的三功能说、四功能说,甚至更多。大学的功能与价值不断地被发掘,这是大学自身不断发展的结果,也是各评价主体不断与大学之间相互作用的结果。大学的各评价主体之间是有联系的,因为它们毕竟共同对大学发生作用。从理论上讲,谁的权力越大,谁左右大学事务的可能性就越大;谁给大学带来的利益越多,大学办学中体现为它服务的价值就越大。从实践中,大学往往也不是被动的一方,它会在各种权力与利益的制衡中做出不同的行为选择。大学定位实践也是这样,它是平衡各主体之间关系的选择。它的最高价值是既平衡了关系,又能最大限度地彰显自己的地位,为进一步的发展打下一个好的基础。从文献综述上看,现有研究成果也充分反映了这个问题。如有的学者将症结指向了政府的管理体制,有的学者归结为市场机制,有的学者致力于如何完善大学自身,还有的学者将目光转向中介组织,等等。这充分说明在大学定位研究中,对各主体及其之间关系的研究十分重要。当然,定位的方法研究也很重要,但总体来看属于技术层面的工作。例如,一种武器非常先进,但用的人与方法不一样,其作用可能就会发生重大的偏差。

(5)在处理多评价者关系的研究中,需要借鉴多学科的思想与方法。除前面提到的生态位的方法外,博弈论的思想与方法非常重要。博弈论的应用领域十分广泛,在经济学、政治学(国内的以及国际的)、军事战略问题、进化生物学以及当代的计算机科学等领域都已成为重要的研究和分析工具。此外,它还与会计学、统计学、数学、社会心理学以及诸如认识论与伦理学等哲学分支有重要联系。如果说在多学科或者跨学科的研究中,我们需要寻找一种语言作为前提，那么博弈论就是这样一种普遍的使用平台或者说一种理论工具。① 大学定位行为就是大学的一种决策行为，所以在研究中运用博弈论的方法将非常有效地帮助我们理解大学的种种行为选择。具体来说，大学与政府在办学定位上的博弈关系可以理解为是否要安于其位，是上行下效还是上有政策下有对策；大学与社会的博弈关系可以理解为是要融为一体，还是要独善其身；大学与大学之间的博弈是在合作与非合作之间做出取舍，尤其是在发展目标趋同、有竞争关系的大学之间；等等。所以，本研究将利用博弈论的思想及一些典型的模型，如囚徒博弈，以大学办学实践为基点，结合大学的功能与环境，分析大学与各利益主体者的博弈关系，以期有助于大学在与各相关利益主体的关系处理中寻求一个最理性的发展定位。

六、研究思路与主要内容

（一）研究思路

本研究的逻辑起点，一是大学办学自主权的扩大使大学办学定位研究成为可能；二是大学定位的内外部因素共同对大学定位施加影响，尤其是外部因素——政府、大众媒体与大学同行，它们对于定位的期望及其作用的机理是不同的。

本研究注重于大学定位理论与大学定位实践的结合，在结构上采用“总→分→总”的形式。首先从文献梳理与概念界定开始，导出大学定位的理论研究应该转向于各主体之间的关系研究。第一个“总”，需要把大学定位的内外部影响因素及评价者给界定出来，需要从大学的主要功能中去解析大学定位的价值。评价者对大学定位进行评价的特征及其价值将贯穿于整个研究之中。“分”是分别研究各评价者作用于大学定位的本质、机理及其相互影响。第二个“总”是把各主体糅合在一起，用模型和实证研究进一步分析和验证前面论述的内容，并进行比较分析。最后对大学定位的特征进行分类，并提

① 陈学恂．中国近代教育史教学参考资料（上）[M]．北京：人民教育出版社，1986：437．

出相关的策略与建议。在逻辑上沿着“谁来定位→定位什么→怎么定位”来推演。另外,多个评价主体作用于同一个事物,彼此之间肯定会有期望上的差异与行为上的冲突。博弈论的思想与方法可以帮助我们理解彼此之间的行为选择,因此它会随时出现在需要的地方。

(二)研究技术路线

按照研究思路,本研究的技术路线如图 0-3 所示。

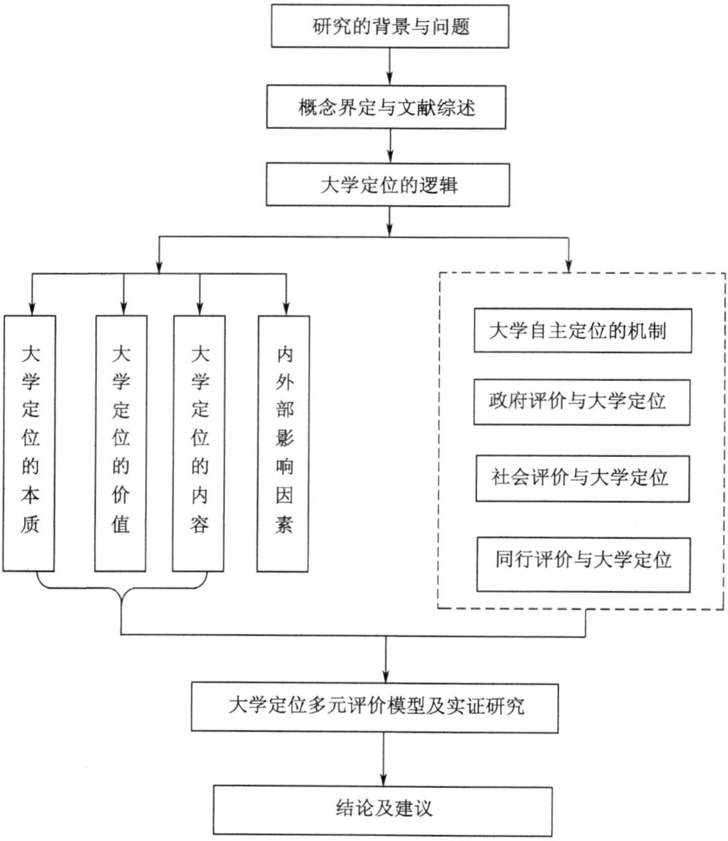

图 0-3 研究技术路线

(三)主要研究内容

“绪论”部分主要介绍研究背景与意义、问题的切入,对本研究的几个关键概念进行界定，对研究范围进行限定。在“文献综述”中分析国内外关于大学定位的研究现状。主要从四个方面收集材料：一是用分层分类理论来进行研究，二是用大学与政府、市场的关系来研究，三是从战略管理与院校研究的角度进行研究，四是用博弈论的思想进行研究。最后，分析现有研究中存在的不足，并针对本书研究的主题，对大学定位研究提出几点认识，以指导本书的研究工作。该部分还明确了研究目标、主要研究内容以及研究的思路与方法。

第一章“大学定位的逻辑”，首先对大学定位的本质与价值进行探讨，解决为什么定位的问题。其次明确大学生定位的目标，对大学定位的内容进行界定，解决“定位什么”的问题。本研究从内外部特征中去找寻大学定位的内容。内部特征是指大学定位的功能特征，即大学定位的内容一定要贴合大学的功能，这样的定位才不会偏向。大学的功能主要有三个：人才培养、科学研究与社会服务。这三者之间也是有联系的，所以这一章专门分析了大学功能的逻辑，以此为基础解析三个功能在大学定位中应该彰显的价值，即该如何进行人才培养，如何进行科学研究及如何直接为社会服务。大学定位的外在特征包括三个方面：层次、类型与规模，即要发展到什么层次，办什么类型的大学，以及多大的规模等。第三，对大学定位的内外部影响因素进行分析。第四，探讨大学自主定位的原则。自主定位是大学定位的根本，是大学自我发展意识的体现，也是综合学校实力与类型，并与外部因素进行博弈的结果。本研究立足于大学自身是定位的主体这一思维，分析大学自主定位的原则。

第二章至第四章是大学定位的外部评价。第二章“政府评价：权力监管中的大学定位”，首先以“利益”为中心分析了西方国家政府与大学的关系特征，并以此为启示指出当前我国政府与大学的关系仍处于“国家利益主导期”。接着分析了政府对于大学定位的四种形式：法律定位、体制定位、职能定位与管理定位，并指出权力是政府与大学之间关系的核心，权力的收放可以改变大学的定位预期。权力又可分为显性权力与隐性权力，两种权力的互动与此消彼长是政府与大学之间博弈的机理。政策是权力的体现，本研究以政府的大众化政策为例，对政府与大学之间就扩张与否展开的重复博弈过程进行了分析。

第三章“社会评价：风向标中的大学定位”，首先论述了大学是“社会的大学”以及社会是“大学的社会”这个逻辑关系，认为两者是在寻求利益需求与文化诉求之间的价值均衡。接着分析了社会评价主体对于大学定位的两种形式：一种是整个社会对于大学的期望定位，这种期望既有经济上的需求，也有文化与价值方面的诉求，还有期望大学成为影响社会各层次间流动通道的要求；另一种是专业的定位，是以专业的评价手段，以政府与高校之外的身份，依托大众媒体，对大学进行的专门化评价，以达到监督大学办学的目的。这一章重点论述了当前大众媒体利用大学排行榜对于大学的定位，对其中体现的价值与规划进行分析，对晕轮效应在其中所起的作用进行了解读。最后指出，大众媒体排行与大学定位之间的关系是在理性与投机之间寻求一种价值的均衡，建立全国性的、权威性的大学排行刻不容缓。

第四章“同行评价：生态位中的大学定位”，首先论述了高等教育系统与大学生态的概念，指出大学定位就是要在大学的生态链中寻找自己的生态位。然后对我国大学的内外部生态进行了审视，认为当前的研究重点应放在内生态中。审视我国大学的内生态位有两种视角：一是静态的，二是动态的。静态的生态位就是对于现状的扫描，动态的生态位就是用发展的眼光看待大学的生态位演替。接着用生态位的理论与视野分析了我国大学之间相互定位的主要内容：层次决定地位，类型体现特色，规模与效益兼顾。最后仍以规模扩张为例分析大学之间的竞争与合作。

第五章“大学定位的模型及特征”，首先构建了一个由政府、社会、大学同行为三维空间的“三维超体积大学定位模型”，并以大学办学定位为中心，按照两两关系，分析了三个分维度模型。接着对设计的调查问卷进行统计，用主成分分析法找出影响大学定位的主要因素，对三个外部评价者的作用进行比较与分析。最后对大学定位的特征进行归类，认为我国大学的定位应分为主导Ⅰ型、主导Ⅱ型、被动Ⅰ型、被动Ⅱ型四类。对大学定位特征进行归类的价值在于为大学的定位实践提供指导，同时又能使我们清醒地认识到大学定位难的问题对少数大学而言是一个“伪命题”，对多数大学而言又是一个很难克服的问题。

第六章“大学定位的对策与建议”分别从大学自主定位、政府管理定位、社会评价定位三个层面，结合第二、三、四章论述的逻辑或机理，以及第五章的“特征分类”，提出具有普适性的对策与建议。

第七章“结论与展望”，梳理前面各章研究的结论，对本研究的创新之处、不足之处进行分析，并对今后继续开展的相关研究进行展望。

第一章 大学定位的逻辑

大学定位研究既不是空穴来风，也不是仅仅用一个战略管理就能简单解释清楚的，它有着自身的逻辑。研究大学定位应是沿着如下这条线进行的：为什么定位—定位什么—怎么定位。我们为什么要进行大学定位的研究，这涉及大学定位的本质与价值问题。定位什么，即需要我们探讨定位的主要内容有哪些，为什么会有这些内容，这些内容之间的联系又是什么。怎么定位，即定位的原则与方法，既要有普适性的方法，也需要我们借鉴国内外一些成功的做法来进行研究等。

一、大学定位的本质与价值

大学定位的本质是什么？这是我们研究大学定位的原点。本质与价值相辅相成。从本质可以透视价值，价值可以完善、充实本质。离开本质的价值将会是一个扭曲的价值，离开了价值的本质将是一个虚无的本质。所以本书将大学定位的本质与价值放在一起探讨。另外，探讨大学定位的本质与价值，更能让人看清影响大学定位诸方面因素之间的内在联系。

（一）大学定位的本质

目前多数学者认为，对大学定位本质的解读其实首先是对大学自身的解读，即大学是什么；其次是解读特定社会环境下大学能做什么的问题。换句话说，大学定位不是一个简单的位置在哪里的问题，而是涉及大学是什么和大学能干什么的问题。①如果将大学定位分

① 胡仁东. 大学定位研究述评[J]. 中国高教研究，2006(8).

为宏观和微观两重含义:宏观层面的大学定位是指大学自身的职能属性定位,它所要确定的是大学的责任和使命,所要回答的是“大学应该是什么或做什么”的问题。微观层面的大学个体定位是指大学的类别、类型、特色、水平等发展目标,是对某所大学“是什么样或将是什么样”问题的回答。①如果将大学定位综合为一个集观念、制度、政策与技术于一体的概念,必须首先廓清大学的本质及其理念,构建合乎规律的大学制度新秩序,由此才能进入所谓目标制定、战略规划、层次确立、职能分工、服务面向及工作安排等技术性阶段。②所以,对于大学本质的探讨必不可少。那么大学的本质是什么呢?虽然从前面的概念界定中我们可以略窥一二,但显然不能清晰地解释或满足我们在大学定位研究中对其的要求。大学定位是一个具有强烈的目的指向性的概念,有明确的价值导向,内含着为谁定位的问题。这就诱发我们去追问“大学是谁的大学”这个问题。

从本质上来讲,大学是一个学术组织。但这个学术组织从产生之日起,就有着明确的归属,而且有公有私。例如,在古希腊,有柏拉图的阿卡德米学园、亚里士多德的吕克昂等;在我国有诸侯的稷下学宫,也有官办与私人的书院等。当宗教强势介入大学领域后,大学就带有了明显的教会色彩。如布鲁贝克就认为:“大学虽然不是教会,但大学却继承和保留了许多教会的职责。”③世俗政权介入大学领域后,大学开始部分从属于世俗统治政权,开始在教会与世俗政府之间寻求生存空间。中世纪的大学一般被研究者称为现代大学的源头,其原因在于它有了维护大学这个学术组织的制度。最初的大学为“学者行会”,是效仿工商业行会组织而建立的学者共同体,其目的是免于和应对外界的打扰。这时的大学是学者们的大学。教会与政府的争斗,使得他们争相给大学发放“特许状”,大学自治、学术自由、民主管理是这个时期明显的特征,所谓的“学科”知识研究与人才培养

---

① 刘志民,龚怡祖,李昌新.大学定位与农科院校的抉择[J].高等农业教育,2003(5).

② 刘振天,杨雅文.大学定位:观念的反思与秩序的重建[J].清华大学教育研究,2003(6).

③ [美]约翰·布鲁贝克.高等教育哲学[M].王承绪,等,译.杭州:浙江教育出版社,2001:139.

也相对稳定。文艺复兴时期,“人性”被唤醒,大学作为培养“人性”的场所,游离于社会之外的倾向更加明显,这也是纽曼所推崇的大学。所以,工业革命之前的大学,其定位比较单纯。当欧洲进入工业革命后,随着民族国家的建立及工业经济的发展,政府不仅成为大学的举办者,还全面介入大学的管理。如英国政府通过立法的形式,不断增加对大学的投入,成为大学经费的主要来源;美国通过《莫雷尔法案》,促成了一批赠地学院的产生;法国的拿破仑更是建立了高度集权的帝国大学制度。① 社会力量此时也开始介入大学,商人、企业集团、地方政府开始兴办大学,以英国的“新大学运动”为代表。这些新兴的大学在办学理念上普遍强调国家需要与社会需要的结合。20世纪中叶以来,当市场机制介入大学管理时,大学的身份愈加复杂起来。一些国家的政府开始用市场机制调控大学的事务管理,社会利益集团与大学的紧密程度越来越高,大学之间的自由竞争趋势更加明显。我们不禁要问,现在的大学到底是谁的大学?

从理论上来说,大学当然还是自己的大学。亚伯拉罕·弗莱克斯纳认为:“大学不是风向标,不能流行什么就迎合什么。大学应不断满足社会的需要,而不是欲望。”他还认为:“我一向主张大学与世界保持接触,同时继续不承担责任。”②从他的观点可以看出,不论大学是谁举办的,政府也好,私人也罢,大学就是大学,就是一个学术组织。世界大学发展史中成功的例子可以验证这一观点。其一是德国的柏林大学。柏林大学的建立本身具有很强的国家利益色彩,可以说是“国家的大学”,但是它很好地继承了“大学自治与学术自由”的制度,并创新性地提出了“教学与科研相统一”的制度,它的组织结构与管理皆围绕这两者来进行。柏林大学的成功也使得德国一度成为世界高等教育的中心。其二,美国的大学继承并发扬了柏林大学的制度,通过设立研究院,为学术自由提供了更大的空间,并成功地确立了研究型大学的概念和地位。美国的大学多以私立大学为主,如

① 张俊宗.现代大学制度——高等教育改革与发展的时代回应[M].北京:中国社会科学出版社,2004:87.

② [美]亚伯拉罕·弗莱克斯纳.现代大学论——美英德大学研究[M].徐辉,译.杭州:浙江教育出版社,2001:10-15.

约翰霍普金斯大学、普林斯顿大学等。弗莱克斯纳在建立普林斯顿大学研究院的时候，只负责筹钱和召集学者，而不干涉学者的研究。美国的赠地学院也是成功的案例。它的成功在于把学术发展与当地的经济发展有机地结合在了一起。如果赠地学院不是把学术发展放在第一位，而是把服务经济建设放在第一位，很难想象它会有今天的成就。可见，不论大学的举办者是谁，不论它的主要服务对象和服务内容是谁，只要能把大学这个学术组织的价值发挥到极致，它的定位就可以算是成功的。所以我们认为，大学定位的本质是促进大学这个学术组织发展。

以上探讨更多的是理论性的和普遍性的。其实不同国家的国情是不同的，大学的发展水平也是不同的。如从政治论的角度，中央集权国家的政府对大学的控制要严于其他类型的国家，对大学定位的影响也较大。另外，大学的这个学术组织也是具有特殊内涵的，它有别于其他社会上的学术组织，它是一个集人才培养、科学研究与社会服务三者于一体的学术组织。后面还要对这一问题进行详细论述。不同的大学在体现三者价值的方式方面也是不同的，既有注重科研学术发展的大学，也有注重教学学术发展的大学，大学由此也就分成了不同的类型。不同类型的大学其定位目标也就理应有所不同。我们不能强求每一个国家、每一个大学的发展都是同步的，但是，一定要承认并尊重大学是一个学术组织这样一个事实，然后按照学术组织发展规律来实现它的价值。

（二）大学定位的价值

上面对于大学定位本质的探讨实际上已经指明了大学定位的价值，即在促进大学这个学术组织发展的基础上，满足政府、社会的需求，最高的境界当然是协同发展，虽然它在某一方的单独主导下都难以圆满实现。正由于大学定位对于政府、社会有价值，它们对此产生兴趣，因此会有意无意地对大学定位施加影响。当然，大学定位本身也离不开政府、社会的要求或诉求，完全游离于社会之外的大学已经一去不复返了。大学定位是当前高校、政府与社会普遍关注的热点问题，其原因就在于此。

判断一个事物价值的方法主要有两分法和同心圆法。所谓两分法就是把价值分为现世的和未来的两类，其理论来源可以追溯到柏拉图所认为"可视的世界"与"可认知的世界"。高等教育系统内，布鲁贝克按照政治论与认识论来划分大学的价值。政治论可以认为是指向现世的价值，认识论可以认为是指向未来的价值。当价值被划分为三个以上的时候，它的组成方式将变为同心圆式。例如我国有学者认为大学的价值包括三论：人本论、政治论、认识论，其中人本论为圆心，认识论其次，政治论在外。我们判断、分析大学定位的价值按照同心圆的方式来进行，因为我们认为大学定位的价值体现在三个层面上：最外层是在包括政府、社会经济文化在内的整个社会大系统彰显自己的使命与责任，中间是在高等教育系统中找到属于自己的位置，核心是促进学校内部各要素的整合，促进履行或彰显办学功能的能力。① 三者有一个共同的关键词——需要。了解学校内外部的需要是大学定位的重要前提。即，大学定位要满足学校自身发展的需要、高等教育管理体制改革的需要、高校办出特色的需要以及解决高等教育发展中问题的需要。② 这是我们形成大学定位价值圈层的重要依据。

首先，最外部圈层的需要须符合社会分工的要求。从社会发展的根本要求来说，社会分工对高校培养人才类型的要求是高等学校类型划分、定位的最终依据。③ 从政府管理的角度，将普通高校进行科学分类，对于政府实行宏观管理、分类指导有现实意义。我国教育部门对大学定位是有明确定义的。2003 年，教育部高等教育司评估处从方便评估高等学校办学状况的实际需要出发，将大学定位界定为：大学定位就是"根据社会的需要、自身的条件，找准自己的位置。明确在一定时期学校的目标定位、类型定位、层次定位、人才培养目标定位、学科定位、服务面向定位"④。这也是当前我国大学进行定位实践的主要依据。这些观点符合当前我国高教领域的主流观点，例如我们经常提在嘴边的一些词语和说法：世界一流大学、国内一流

① 刘献君. 论高等学校定位[J]. 高等教育研究，2003(1).

② 王德葳. 大学定位的几个问题[J]. 成都中医药大学学报(教育科学版)，2005(1).

③ 潘懋元，董立平. 关于高等学校分类、定位、特色发展的探讨[J]. 教育研究，2009(2).

④ 教育部高等教育司评估处. 普通高等学校本科教学工作水平评估指标体系[A]. 2003 年普通高等学校本科教学工作水平评估研讨班培训参考资料，2003：48.

大学或省内一流大学；以优势学科为主体，以行业为依托，建设特色大学；面向区域经济社会要求，以培养应用型人才为主的地方性高校，等等。

其次，中间圈层的需要须符合角色分工的要求。从完善高等教育系统结构的角度，各类各级高校都应当有自己层次不同、功能各异、风格有别的角色分工。正是这种明确且有机的角色群体，以及它们之间的协调发展，才构成了整个大学教育整体功能的有效发挥。不同高校唯有找准自己在整个大学教育体系中的应有位置，并发挥出自己的不可替代性的功能与作用，其自身才可能有良好的发展。①

再次，核心圈层的需要须满足大学个性发展的需要。从大学自身的办学定位出发，定位的价值内涵一是有利于大学确认自己的"身份"。大学的"身份"是由大学的综合实力来决定，反映了大学的社会地位和在社会上受尊重的程度。科学定位的价值在于提升办学实力，提高大学的社会地位。二是有利于大学确定自己的目标，确定一个自我超越的努力方向，有选择地进行"有所为""有所不为"。② 有的学者据此将定位实践的焦点聚于以校长为首的、大学定位的决策者，认为大学办学定位理念是关于办学治校者希望把大学办成什么样子的一种教育理念，是他们持有的具有强烈主观色彩的关乎自己所在大学的方向选择、角色定位和特色所在的大学理想和价值追求。③

所以从理论上来说，大学定位的价值体系就是一个彰显大学功能的同心圆。同时，从定位期限和有效性来说，大学定位还有一个非常现实的价值，那就是制订发展规划。规划是有期限的，既有长期的目标，也要有短期的目标，既要描绘宏伟的蓝图，又要有现实的策略来踏踏实实地促进学校各项事业的发展。大学定位研究的热度一直不减，是因为我国的大学也和政府一样，每五年都要制订一次学校发展的五年规划，中间遇到特殊的情况如国家重要政策调整、学校校庆等还要制订"应急"式的规划等。在频繁的"被定位"过程中，大学定位也确实遇到了难题，主要有四：一是分层分类的难题；二是大学战

① 周焱.论大学的角色定位及转换[J].重庆师范大学学报(哲学社会科学版),2004(3).

② 眭依凡.大学校长的办学定位理念与治校[J].高等教育研究,2001(4).

③ 眭依凡.大学校长的办学定位理念与治校[J].高等教育研究,2001(4).

略目标确定的难题；三是大学缺乏个性没有办学特色的难题；四是大学发展资源依赖的难题。[①] 可见，大学定位价值的实现还一直徘徊在理想与现实之间。破解难题，也算是大学定位最现实的价值吧。

二、大学定位的目标

（一）本科教学评估中的定位内容评析

2003年教育部高等教育司评估处给大学定位大致框定了内容：目标定位、类型定位、层次定位、人才培养目标定位、学科专业特色定位、服务面向定位。在全国性的本科教学评估中，各高校都依据此给自己的学校做了相对应的自我定位描述，然后教育部评估专家来校进行实地考察与评估。下面在借鉴几所高校评估文本的基础上，我们对此稍作分析。它共包括六个方面：① 目标定位，它是一个总的定位描述。② 类型定位，它来自于国际上对大学进行分类的概念，目前我国的多数学校将其描述为教学型、研究教学型或研究型。③ 层次定位，即学校位于什么层次上，多数学校按招生的情况来给自己的学校进行层次定位，如有的学校认为自己是以研究生教育为主，有的学校以本科教育为主。也就是说，层次定位被理解为人才培养的层次定位。④ 人才培养目标定位，即体现学校人才培养特色的定位，“宽基础、强能力、高素质”等词语就经常被使用，学校独特的文化也会被融入其中。⑤ 学科专业特色定位，它被理解为学校的核心特色所在，多数学校将其作为一个相对综合化的指标，用它来表示专业与学科是如何进行人才培养、科学研究与社会服务的。其实这也可以理解为是学校的科研定位。学科建设的根本在于科研活动与科研成果，离开科研活动与科研成果的学科与专业是毫无活力的。⑥ 服务面向定位，即学校主要为谁服务，是行业，是地方，还是其他等等。这样看来，第四、五、六项综合在一起可以理解为对一所高校人才培养、科学研究与社会服务这三项功能的考察。

需要说明的是，第一，这只是一个本科教学评估中的定位，并不

---

① 周光礼.大学定位：中国高等教育亟待破解的难题[J].河南教育(高校版)，2010(1).

可以理解为一个学校全部的办学定位，虽然很多学校把这个定位就理解为学校定位。例如层次定位，简单地用人才培养的层次是不能完全反映一所学校的办学层次的。第二，这是一个由政府主导的由上而下的评估，与学校的自主定位会有所差异。也就是说，这是由政府对于大学定位的评价行为，大学的这个定位描述不可避免地会有迎合评估的行为。第三，这是一个面向全国大学的普适性定位模式，其指标不能过细，这也给各校在定位描述时提供了较为宽泛的空间。另外，从现有的大学定位文本分析，各校对各项定位指标的理解是不完全相同的。但是毫无疑问，这个定位的范本给我们研究大学定位提供了思路。那就是大学定位一定要从功能中去定位，一定要有明确的类型、层次等定位，最后要综合凝聚成一个清晰的定位目标。

（二）大学定位目标的模式

笔者通过文献检索与在各大学的网站上收集各校的发展战略规划中的学校定位描述，发现它们有许多共同点，就是特别注重学校的层次与类型。与层次相关的词语有：一流、国际知名、国内领先、高水平。与类型相关的有：① 研究型、研教型、教研型、教学型、高职高专；② 综合性、多科性；③ 学术型、应用型；④ 某某特色明显，等等。

以刘志民等 2003 年对全国农科大学的定位研究为例，其综合了当时全国农林院校的定位特征，如表 1-1 所示。

表 1-1　　农林院校发展定位选择模式一览表①

<table>
<tr><th>类别定位</th><th>类型定位</th><th>层次定位</th><th>国际化定位</th><th>备注</th></tr>
<tr><td rowspan="2">综合性大学</td><td>研究型大学</td><td rowspan="4">国际知名大学或国际一流农业大学
国内一流大学
省内一流大学</td><td rowspan="4">国际化与否因校而异</td><td rowspan="4">国际一流的限定词是“农业大学”，否则为国际知名大学</td></tr>
<tr><td>教学型大学</td></tr>
<tr><td rowspan="2">多科性大学</td><td>研究型大学</td></tr>
<tr><td>教学型大学</td></tr>
</table>

值得注意的是，刘志民等的研究有类型定位与类别定位的区别。笔者在此不同意这个提法。类别的含义有两个：① 不同的种类；

① 刘志民，龚怡祖，李昌新．大学定位与农科院校的抉择[J]．高等农业教育，2003(5)．

② 按种类的不同而做出的区别。类型的含义也有两个：① 由特殊的事物或现象抽出来的共通点；② 逻辑演算中关于主目的不可兼的分类谱系之一。可以看出，类型和类别的区别在于类型是强调共性，类别是强调区别。只有什么类型不同的大学，而没有什么类别之分的大学。综合性大学与多科性大学只是学科多少的差异，并没有本质上的差异。研究型与教学型代表着两种不同的学术样态，尚且以类型划分，综合性与多科性为什么不能以类型划分呢？笔者认为，综合性大学与否也应该包括在类型定位中。那么研究型大学放在类型定位是否合适呢？从字面上看是合适的，但是在办学实践中是有偏差的。下文对研究型大学还会有进一步的分析。

另外通过研究发现，规模也是大学定位中必须考虑的外在特征之一。有人会提出疑问，规模的大小与办学的实力之间有关联吗？规模越大办学实力就一定越强吗？规模小的学校其办学实力也不一定就弱呀！仅从办学的实力上看，好像没有关联，但是从定位的角度是有关联的。第一，规模与学校的类型相关联。综合型大学的规模一般要比多科性和单科性的大学要大，单科性的大学规模较小。第二，规模中的比例与结构与学校的人才培养定位也有关系。例如研究型大学，一般认为研究生与本科生的比例起码要在 1∶1 之上。第三，规模的稳定程度，直接影响了大学定位难度。一般来说，由于生源的关系，高水平的研究型大学其规模相对稳定，低水平的大学规模波动较大。如果一所学校在某一时期的办学规模的波动幅度很大，无疑会给其发展定位带来难度。此外，与生师比也有联系，一般来说，规模越大的高校，其生师比越大。从国际上看，世界一流的研究型大学大多坚持小而精的办学路线。如加州理工大学每年只招收本科生约 400 人。所以，办学规模虽然不如办学类型和办学层次对大学定位的作用明显，但由于其和人才培养定位密切相关，和办学方向密切相关，虽然其往往不会被学校放在发展规划的首要位置(也有的学校会直接提出要发展到多大规模)，但也是大学定位研究不可绕过的门槛。

综上所述，大学定位目标的模式可以归结为三个主要的方面：层次模式、类型模式与规模模式。这三个模式相互影响，构成了大学定位目标的特征，下面就结合我国的国情与现实状况对大学定位目标的特征进行梳理。

（三）大学定位目标的特征

1. 层次决定地位

大学之间的定位博弈首先考虑的是在层次上不落后，即你要成为世界一流大学，那么我也要有这个目标；你要做国内同行业之首，那我也要向这个方向去努力。但是这个定位博弈一定是在客观地扫描现有定位基础上产生的。如果和所对照的学校在办学实力上根本不在一个层次上，那么就没有必要在发展定位上和别人同步。我们诟病大学盲目地趋高定位，说的就是这个道理。现在国内常用的关于大学定位层次方面的用语大致如下：世界一流、国内一流、行业一流、同类院校中居于国内前列、高水平大学等。在众多的研究中人们常把以研究型大学为首的大学体系作为模版，因此本书认为研究型大学在事实上被解读成了一个"层次"概念。

美国卡内基基金会 1994 年关于美国高校的分类标准被认为最有影响和权威性，其研究型大学的具体指标是：① 提供一个领域广泛的学士学位课程，承担直到博士生的研究生教育，并进行高级重点科学研究，每年授予 50 名以上的博士学位；② 每年接受联邦政府 1500 万～4000 万美元的资助（Ⅱ类研究型大学）或 4000 万美元以上的资助（Ⅰ类研究型大学）；③ 大学的研究生和本科生的比例都接近或超过 1∶1；④ 绝大多数研究型大学都把科研置于重要地位。[①] 从上述指标中可以发现，研究型大学具有如下特点：教学质量高——从课程与教学计划中体现出来；人才培养的层次高——着重培养最高学位（博士）的人才，且数量多；联邦政府重视，资助经费多；重视研究，走在了知识生产的最前沿。另外，研究型大学的数量较少，无论在什么体系的评价中，它都居于美国大学金字塔体系的顶层。我国学者借鉴这一分类指标，依据我国大学的科研成果数量、研究生人数等，根据科研与教学的密集程度将我国的大学分为研究型、研究教学型、教学研究型、教学型等。在武书连的大学排名中，这几类大学的排序是自上而下的，我们从中可以清晰地看出某一个大学在其排名

① 翁伟斌. 美国研究型大学的现状和改革课题[J]. 江苏高教，2000(3).

中是属于研究型大学还是属于研究教学型大学。这样的分类严格来说是不科学的,有种生搬硬套的感觉。因为,科研多一点,还是教学多一点,其实是很难区分的;按博耶的说法,教学也是一门学术,与科研是密不可分的,现在人为地把教学型大学排在了最低层,容易给人以误导,误认为教学就应低于科研,从而使人们不重视大学的教学。不重视教学也就不重视人才培养的质量,从而影响大学的人才培养定位甚至良性发展。

引用研究型大学的概念及其划分体系对于我国大学发展定位的实践是有指导意义的。首先,研究型大学体系的划分属于民间的、学术的,更能够体现大学定位的价值。重点大学、"211 工程"大学、"985 工程"大学等是国家指定的,对于高校而言是无法博弈的,尤其是无法短期博弈的,因此是不太可能在规划中提出来的,所以对于大学的定位而言基本上是没有任何"实用"的价值的。但是研究型大学体系不一样,正因为没有政府影响,我国的大学在发展定位上似乎可以随便"引用"研究型大学的概念。即使定位高一些,例如本来应该是教学型的高校定位为教学研究型高校,好像也没有什么大不了的事。甚至有的学校认为,不趋高一点定位就显现不出来学校的定位价值了。其次,以研究型大学为标准划分的大学体系目前在我国被划分得相当"完整"。从高层的研究型到底层的高职高专,几乎每一所高校都可以在此找到属于它的层次和位置。笔者并不完全认可这种定位方式。研究型大学作为高水平大学的代名词,体现了以科研为核心的话语体系。研究型大学本意上是一个类型的概念,只是这个类型和世界一流大学及高水平大学贴近,但是如果再把它向下进一步地划分的话,它就变成了一个层的概念。层是有高低之分的,它不可避免地会引导大学重视某些东西而忽视某些东西,以致大学有意无意地轻视教学,轻视高职,从而误导了高校的人才培养方向。

2. 类型体现特色

大学的类型如果按学科来划分,可以分成单科性大学、多科性大学与综合性大学。与分层定位相比,类型差异并不完全代表水平的高低。在办学资源充足的情况下,单科性大学的办学水平不一定低;同样,办学资源不充足的情况下,综合性大学的办学水平或影响力不一定比单科性大学高。选择什么样的办学类型,一是由历史决定的,二是由学校依据获取资源的状况所制定的发展定位所决定的。

当前我国的大学在类型定位上有向综合性大学发展的趋向。在此，有必要对综合性大学、多科性大学与单科性大学的概念作界定，以便为高校的办学定位实践提供借鉴。什么是综合性大学？简单地理解，是学科门类齐全的大学。1998 年 7 月教育部公布的《普通高等学校本科专业目录》分设哲学、经济学、法学、教育学、文学、历史学、理学、工学、农学、医学、管理学 11 个学科门类。后来增加了军事学、艺术学两个学科门类，目前共有 13 个学科门类。《中华人民共和国高等教育法》(以下简称《高等教育法》)第二十五条规定，大学必须设有三个以上国家规定的学科门类为主要学科。第二十六条规定，应该根据设立高等学校的层次、类型、所设学科类别、规模、教学和科学研究水平，使用相应的名称。以学科来划分大学的类型，可以将我国的大学划分为"综合性"大学、"多科性"大学与"单科性"大学。从我国大学的定位实践来看，这几种名称也几乎是必定会涉及的。从上文可知，大学的类型可以从好几个方面来划分，但是公办与民办类型是无法博弈的，隶属关系是无法博弈的，地域也是轻易无法改变的(虽然也有学校通过迁校改变其影响力，从而为学校的发展获取更好的发展空间)。所以学科问题成为大学定位实践的首选。从《高等教育法》第二十五条来看，要拥有多少学科门类才能算综合型大学呢？不同的学者有不同的理解。假设必须具有 13 个学科门类才称得上综合性大学的话，目前国内仅浙江大学等极少数大学符合条件。同时，按照《高等教育法》第二十五条的规定，纯粹的单科性大学也是不存在的。因此，照这种说法，绝大多数的大学都是多科性的大学。然而都是多科性大学了，大学在这个问题上还怎么定位呀？虽然说不能就定位而定位，但还是有必要在此对综合性大学、多科性大学与单科性大学作一简要评判。

李鸿鸣、王广忠认为，具有我国普通高校 11 个学科门类中的 5～7个以上即可称谓综合性大学。① 刘志民等认为，符合综合性大学要求的核心条件是具备比较完整的文理基础学科与具有一定实力

① 李鸿鸣，王广忠.对新世纪我国高等农业教育走势大学理念及人才质量的认识[J].高等农业教育，2002(6).

的多个专业学科门类，否则专业学科门类再多，也不能成为综合性大学。[①] 单纯地以学科数量为参考来作为判断综合性大学的依据显然有缺陷。刘志民的观点强调文理基础，是有一定道理的。但是文理基础学科及其衍生出的专业在高校内难以清晰界定，而且其实力与水平也很难评估，很难操作。因此笔者认为综合性大学的标准不能降低，满足13个学科的大学才能叫作综合性大学，否则最多只能叫作多科性大学。这样界定，是因为要把综合性大学当作一个符号，而不是一个层次的概念。这样，有些高校就会自觉地放弃建设综合性大学的目标。因为办学基础等的原因，大学在短期内另建一个高水平的学科（如医学）是很难的，除非是合并，而这又是需要客观条件的。所以对于一所大学而言，较为现实的是将精力放在提高现有学科的实力上来。尤其是在目前大学入学人数逐步减少，大学在规模扩张达到顶点及开始重点关注提高教育质量的时候更应如此。

多科性大学与单科性大学怎么划分呢？首先要看一下什么是单科性的大学。理论上的单科性大学就是整个学校单设一门学科。北洋政府时期的《学校系统改革案》中规定："大学设数科或一科均可，其单设一科者称某科大学。"[②]国民政府时期将单科学校称之为专科学校。当时的大学实行以学科为中心的学院制，规定必须具备三个学院以上的才能为大学，其余的可称之为专科学校。中华人民共和国成立后在学习苏联、培养专门化人才的思想指导下，进行了院系调整，拆分、调整了原有综合性大学的学科，新建了大量的具有行业特色的专门化学院，如矿业学院、农业学院、林业学院、地质学院、石油学院、医学院、财经学院等。院系调整后，我国本科高等学校分为三类：一为文理科性质的综合大学和师范院校。我国原来的综合大学整体上包括文、理、工、商、法、农、医等几大科，一般以学科组建学院，学院辖于大学，学院下设系。调整后综合大学基本只剩文理两大科。二为多科性工学院（工业大学），如哈尔滨工业大学、重庆大学、南京工学院等。三为单科的专门学院即单科性院校，主要为特定行业培

---

① 刘志民，龚怡祖，李昌新．大学定位与农科院校的抉择[J]．高等农业教育，2003(5)．

② 郝维谦，龙正中．高等教育史[M]．海口：海南出版社，2000：10．

养高素质专门人才。① 其中，单科性院校，特别是与工业有关的院校大量增加。至1953年前后，我国单科本科院校已发展到140所，占当时大学、学院总数的91.5%。② 可见，我国的单科性大学是指以行业为特色的专门化学院。调整初期，由于这些学院的规模小，学科单一，可以称之为单科性大学，但随着学校的发展，规模的扩大，学科门类逐渐增多，纯粹的单科大学逐渐稀少。也有学者认为，目前我国的单科性大学只存在于理论上，绝大多数大学属于多科性大学。20世纪80年代以后，在“一流大学”思想的指引下，我国的单科性大学有向综合性大学发展的趋势。俞俏燕分析了我国单科性院校的专业趋同演变，并从高等教育的内外部因素就其原因进行了剖析。无论是从理论上还是从实践上，我国的单科性大学都十分稀少了，且几乎没有哪所大学会把单科性大学作为定位与发展目标。因此笔者建议，现在的单科性大学应突破行业、专业特色大学的概念，仅限于《高等教育法》第二十五条规定的三门学科，如果少于三门学科且以某一专业为特色，可以称之为单科大学。除此之外，皆属于多科性大学。这样设定，高校自身容易合理定位，既比较容易操作，也符合当前我国大学发展的现实状况。

从大学的发展规律来看，大学遵循着“综合—分化—综合”的发展路径。中世纪的大学起初都以单科起家，例如萨莱诺大学以医学为主，波隆那大学以法律为主，巴黎大学以研究神学著名。而到后来，一般大学都开设文学、法学、医学、神学四科，这在当时的欧洲是大学之所以被称为大学的范本。现代大学也是这样，学科越来越朝着综合化的方向发展。如美国的赠地学院最初都是单科性的农业学院，现在多数都发展成为了多科性的研究型大学。随着大学办学规模的扩大，大学的综合性趋势越来越明显。大学向综合的方向发展有其合理性：一是符合新生事物由小到大、由弱变强的发展规律；二是符合知识发展的“融合—分裂—融合”的规律；三是符合社会对人

---

① 俞俏燕. 中国单科性院校专业趋同问题研究——大学综合化发展的视角[D]. 厦门：厦门大学，2008.

② 高等教育部办公厅. 高等教育文献法令汇编(第一辑)[R]. 北京：高等教育部办公厅，1954：76.

的综合素质要求不断提高的规律。所以我们不排斥任何大学的综合性发展定位，只是强调要符合上面的三个规律，不能因为学校发展成为综合性大学但实力变弱了，影响力反而下降了，由单科的明星沦为平庸了。大学不能随意地增加学科，增加时要看这个学科在融入学校整体学科建设中的作用，在促进本校学科之间相互联系中的作用，在提升学生综合素质方面的作用。也就是说，其综合化的步伐不能太快，要在适合的时间与环境中做出最佳的选择。需要注意的是，当前在"双一流"的背景下高校出现了减少学科数量的现象，例如一些综合性大学或理工科为特色的多科性大学撤销了教育学或高等教育学这样的学科。笔者认为减少学科与增加学科同样不能随意，同时恰恰说明了当初高校随意增加学科数量的后果开始显现。

当前部分高校减少学科数量意味着要走回头路吗？高校学科综合化趋势要转向了吗？调查发现，"985 工程"、"211 工程"大学在"双一流"的引导下，对校内的学科组织进行有目的的调整，说明其学科建设更加理性了。对于其他层次的大部分高校来说，增加本校的学科门类，让学校变得似乎更加有"内涵"，仍旧是一个趋势。

3. 规模与效益兼顾

多大的规模对于本校办学来说才是最合适的？在工业生产中存在规模效益的现象，即著名的"马克西—西尔伯斯通曲线"。[①] 照此理论，在高等教育领域，国内外学者做了大量实证研究，证实高等学校也存在规模经济。卡内基委员会 1972 年的研究表明，全日制在校生规模在 3000～4999 人的私立研究性大学的生均教学成本，比规模在 7000～9999 人的同类院校要高 25%。但非常小的院校和那些在校生人数在 10000～15000 人的私立院校都具有最高的成本。此后，斯图曼(1985)、柯恩(1989)以研究性大学为主体对高校的规模效益进行了研究，等等。对国内高校规模效益的研究起于 1986 年世界银行专家对我国 136 所曾经得到过世行贷款援助的高校进行的有关规模经济的实证分析，得出的结论是，在这些学校中存在着显著的规模经济。在达到 8000～10000 人的规模之前，生均经常性成本随在校生的增加而有明显的减少；在达到 8000～10000 人的规模后，生均经

① 靳希斌. 教育经济学(修订本)[M]. 北京：人民教育出版社，2001：5.

常性成本则基本保持不变。[①] 闵维方在 20 世纪 80 年代后期通过对中国 136 所高等学校的数据分析也得到类似结果。上海市智力开发研究所应用 1994 年 841 所普通本专科学校(不包括特殊的艺术、体育院校)数据对高校的规模效益进行了研究。总结国内外学者对于高校办学规模效益的研究,可以发现以下特点:一是都认可规模效益的存在,但规模效益不是一直沿直线上升的,而是一个曲线,在达到一定的规模会呈现出持平及下降的趋势;二是随着时间的变化与社会的发展,也与研究的指标、范本的选择相关,研究结果并不相同;三是研究逐渐细化,由关注学校整体的规模效益转向高校内部系和专业的规模效益,对它们的投入产出效益进行评估。例如,彭安臣、曾洁根据教育部直属 72 所院校横断面数据,对研究生规模与成本进行线性拟合,证实我国部属院校研究生教育存在规模经济,并估算了适度规模,博士生为 1000 人左右,硕士生为 4000 人左右。[②] 因此,对于规模较小的学校,扩大办学规模,提高规模效益是必需的。需要提醒的是,既要考虑规模效益,又不能盲目地扩大规模。因此,我们在讨论大学扩大办学规模是否有利时一定要分类进行讨论。对于高水平的研究型大学,不扩招或少扩招是明智的,但对于大多数的教学型高校来说,抓住高等教育大众化的机遇,先做大再做强,仍不失为一种"实实在在"的选择。

三、大学定位的影响因素

影响大学定位的因素很多,但总的来看有内外之别。内在因素,主要是大学自主定位时需要考虑的办学层次、学科特色、管理体制及定位的能动性等;外部因素较为复杂,既有社会政治、经济、文化等大环境下各利益主体的需要,也有世界高等教育的规律与趋势,也有高等教育系统中的管理体制及其他高校的影响等。下面就从内外两个方面分析影响大学定位的主要因素,同时找出大学定位的主要外部

---

① 丁小浩.中国高等院校规模效益的实证研究[M].北京:教育科学出版社,2000:9.

② 彭安臣,曾洁.中国高校研究生教育规模效益的实证研究——基于教育部直属 72 所高校统计数据的分析[J].清华大学教育研究,2006(6).

评价者。

（一）内部因素

1. 能力因素

我们首先把大学定位困难归纳为大学定位的能力不够。因为其他的因素可以采取措施来弥补，但是能力问题却是根本问题。

第一，缺少能够影响大学定位决策的教育家或教育思想家。毫无疑问，问题的矛头直指以校长、党委书记为首的决策层。陈厚丰提到了这个问题，“缺少具有卓越思想和办学理念的大学领导者、教育理念和办学理念庸俗化，是我国大学盲目攀比、相互复制办学模式的重要原因”①。马陆亭也提到了这个问题，“在我国的高等学校校长中缺乏社会主义的‘大’家，……产生一所‘名牌’大学首先需要一位杰出的校长”。他还对不同类型的大学校长的角色特征进行了分析。② 睢依凡也提到了这个问题，“大学进行明确而准确的办学定位，对以治校为己任的大学校长而言是十分必要和重要的。……大学校长的管理必须从办学定位开始，凡大学校长者予以重视”③。刘道玉对此很有心得，他认为：“大学校长应当有强烈的目标意识。这是因为，目标是决定行动的，无目标的思考，无目标的行动是成就不了大业的。……一位大学校长就是一个总设计师，他必须是一位清醒的、敏锐的观察家，能够准确地洞察社会的需要和时代的发展趋势，并据此来制订学校发展的目标、规划以及培养人才的规格。”④还有很多类似的研究。一所大学如果以校长为首的决策层没有特色鲜明且符合教育规律的办学理念，学校在办学过程中就很容易产生“跟着名牌大学走”，“跟着人家学”的惯性。这种现象在我国的大学中是普遍存在的，国内一流模仿世界一流，国内二流模仿国内一流，等等。

第二，没有权力，有心无力。这个问责的板子可能要打到教育主管部门的身上。总体来看，我国大学的办学自主权是在不断扩大的，但对于一所大学的自主定位来说还是远远不够的。以大学招生为

① 陈厚丰. 中国高等学校分类与定位问题研究[M]. 长沙：湖南大学出版社，2004.

② 马陆亭. 高等学校的分层与管理[M]. 广州：广东教育出版社，2004.

③ 眭依凡. 大学校长的办学定位理念与治校[J]. 高等教育研究，2001(4).

④ 刘道玉. 改革与治校[C]//余立. 校长——教育家. 上海：同济大学出版社，1988.

例，有自主招生权的高校很少，且教育部明确规定了自主招生比例。另外，高校招生是严格按照学校的层次及高考的分数线等分批依次进行的。目前部分省市开始试点本科不按批次招生，按学科与专业招生，其效果有待观察。招不到“优良”或“心仪”的学生，无疑给学校教学改革创新、个性化人才培养设置了障碍，直接影响了学校人才培养目标的制定。还有高校专业设置、学科建设及学位授予权的问题，有没有博士学位授予权直接决定着学校的办学层次定位，有没有教育部备案的研究生院其学科建设难易程度几乎有天壤之别。在这个领域目前似乎也有松口的现象，例如先建后评、合作共建等。

第三，教育科研的水平不够。当前我国的高校几乎都设有“高教所”这个教育科研机构，或兼有发展规划处等直接为学校进行定位与战略规划研究的机构，但发展水平千差万别。有的学校显然把它作为了一个附属机构或安排闲职的“养老”机构，有的学校把它作为贯彻校领导意图的行政机构，而有的学校则把它发展成为了集人才培养、学科建设与决策咨询于一体的教学科研实体机构。其实，教育科研机构不仅具有影响学校管理决策的“幕僚”职能，还是一个桥梁，连接政策的制定者与执行者、实施者（广大的教职工）。一个好的政策能不能制定出来，能不能很好地推行下去，教育科研机构的作用不言而喻。学科建设是汇聚高水平教育科研人员的手段，也是普及教育思想、提高全校教职工教育素质的主要场所。教育科研机构建设的水平基本上是学校办学实力的体现，它是学校软实力的体现。虽然目前高水平的大学一般都很重视校内教育科研机构的建设，但是我们也看到了一些撤销高教所、撤销教育学专业的现象，不能不引起我们的警惕。同时我们也看到一些大学内高教所与发展规划处职责重叠的现象，致使学校倚重发展规划处而轻视高教所的状况。其实两者是相互补充的关系。发展规划处重视实践，是协助校领导制定改革措施的机构；高教所重视理论研究，为学校的改革措施提供理论支持。如果改革出现偏差高教所会及时找到并告知其原因是什么，发展规划处会制定对策。当前大部分高教所的职能并不能得到充分发挥，原因很多，其中一个主要的原因在于校领导不愿意相信教育研究可以提升学校的办学能力。

2. 利益因素

第一，学校的利益。定位直接和学校的利益相关。恰当的定位会促进学校更好地履行其职能、提升其社会效益。趋高的定位，其目的指向是学校级别的提高、地位的提高、学校获取资源的途径会扩大；趋同的定位，会使一些学校采取搭便车、降低办学成本的行为；向综合性大学发展的定位，会使学校的学科门类增加、办学规模扩大，从而使学校的影响力扩大，等等。

第二，教职工的利益。教职工的发展是与学校的发展联系在一起的。定位恰当，学校的教职工会有意识地随着学校的发展规划自己的发展，最大可能地实现大学教师作为"学术中的人"的价值。教职工经济收益的提升、社会影响力的扩大，会进一步凝聚学校办学方向，否则人心涣散，教职工怨天载道，人才流失会加剧，阻碍学校的发展。

第三，学生的利益。绝大多数学生选择某一学校就读，是有准备、有目的的。他们在来校之前已经从多个渠道给学校有了一个心目中的定位，对就读该学校基本上有了一个期望定位。在校学习期间他们会根据学校的定位与发展情况，结合自身的感觉重新评价学校。如果学校的排名上升，他们就会认为选择是对的，反之就会埋怨学校。学生的就业与学术发展也与之密切相关。

第四，校领导的利益。在高校内，没有谁比学校的领导更关注学校的排名和声誉了。我国大学的校领导选聘都是上级任命制，有着相对固定的任期。无论是"学者型"还是"行政型"的校领导，在任期内他们都迫切希望通过定位与规划来完成自己的理想抱负，得到教职工的认可，提高领导威信，也期望得到上级主管部门的认可。

3. 文化因素

第一，学校历史文化的沉淀。我国的大学普遍历史较短，除个别学校有着百年出头的历史，绝大多数高校都是中华人民共和国成立后新建的，更不用说近年来一些新建的本科院校了。与国外动辄几百年的大学相比，绝大多数学校办学文化的历史沉淀不够，而且20世纪50年代的院校大调整，90年代至今的高校合并风潮，更是加剧了这一现象。很多学校不得不重新整理、发掘甚至制定学校的文化理念。有的学校多头并进，校训、办学精神、校风、办学理念，每个都不相同，每个又大致相同；有的学校的校训和中小学基本上没有区别；有的学校的办学理念引经据典，故弄玄虚、晦涩难懂，看似个性很强，文化味十足，实则大而化之。国外一些大学的校训简简单单一句话，如麻省理工学院的“既会动脑，也会动手”，牛津大学的“真理是我的老师”，校训和其办学定位、办学实践对照却让人回味无穷，心生感慨。

第二，学校行政文化较浓。较之社会上的官本位文化，我国的大学一点也不差。“名分就是地位、等级就是金钱、层次就是水平”，这些思想认识是我国大学趋高定位的文化根源。不患寡而患不均，强调共性与“和谐”的思维使得多数大学的价值取向趋于一致，不愿做出头鸟，不愿标新立异，是大学定位趋同的原因。“重学轻术”的传统思想，使得大学及其教师都愿在理论的学术研究上出成果，而忽视应用型的研究及成果的转化；都以研究型大学为目标，而不愿安分地居于应用型大学之列。过分强调思维模式与价值取向整体划一，导致个体的独立和自由被忽视，这容易导致高校定位同质化而不利于形成高校定位的特色。综上可以看出，我们所诟病的大学定位问题都和我国社会传统文化的一些特质密切相关。

4．内部管理制度因素

第一，内部管理体制的影响。我国的大学内部管理体制是党委领导下的校长负责制，学校有两个管理系统，党委系统与行政系统。虽然现在很多学校的党委与行政是合署办公的，但是两者在很多方面是不可能做到实质性合并的。大学党委的职能主要有以下几点：一是监督学校办学，二是参与学校管理，三是思想政治教育，四是维护稳定。从前两点可以看出党委在大学内部有既当裁判员又当运动员的条件。而且党委管组织，组织管干部，干部的水平决定着一所学校的管理水平。党委和行政的和谐程度影响着学校的定位方向与各项目标的实现。很多学校在制定发展规划时所做出的政策都是两者协调中和的结果。

第二，民主监督与民主管理的制度不完善。大学定位决策既是一个专业化的活动，又是一个集中民意的活动。教代会、工会等在很多大学并不能充分发挥其职能，教职工参加民主监督活动更像一种差事，而没有体现出应有的责任与义务。这也与这些民主监督机构的地位有关，与高校管理决策的不民主有关。有些代表提出的一些好的建议得不到回应，长此以往也就不把它当真了。所以，大学定位往往会成为学校领导集体的定位，少数人的定位，而不是全体教职工心目中的定位，它的效果可想而知。

第三，法规制度不完善。大学是依法办学的机构，上有教育法、高等教育法等法律法规，且不说这些上位法律的完善程度如何，校内的法规建设是不容乐观的。如“大学章程”，这个在学校成立之初就应有的法规，现在部分学校还没有。综观已经制定了大学章程的高校，发现其不仅相似度非常高，而且在管理制度方面没有什么突破，在办学实践中并没有发挥应有的作用，即有无章程办学并没有什么差别。大学定位与发展规划没有上升到相应法规的地位，也是当前大学定位活动没有得到应有的重视与作用不理想的主要原因之一。一旦出现校领导的变动，或一些其他的因素，定位与规划可能就要重新制定。虽然说定位与规划是有一定期限的，是可以动态变化的，但是其权威的地位也是应该确立的。

以上肯定不是影响大学定位的全部因素，但是能力、利益、文化、制度等因素的存在，动摇了我们研究大学定位的信心。大学定位问题实则是大学的建设问题，是体现中国国情的现代大学制度建设问题。定位及其实践是大学的必备与常态化的工作，是一个过程，而不仅是一个结果。大学的建设是一个相对缓慢的过程，所以我们不能期望大学定位难的现象能够很快解决，这可能是一个无奈的解释。张楚廷对大学定位研究提出疑问：“只要是高水平的学校，可能都受益于先进的教育思想，却不会是被定位出来的，凡优秀的大学都是独特的自己。……北大最光彩夺目的蔡元培时期又是谁在给它定位……一些学校在权力面前表现的温顺一如既往，几乎很少有例外不跟着说定位的，教育理论工作者也忙着为定位作注释，成为传统注释工作的一部分。”[①]然而，批判归批判，在大学实施战略管理的今天，定位研究仍然是必需的。其实，张楚廷先生批判的是大学在政府面前的“被定位”，并没有否认大学的自主定位。如果通过大学的定位研究与实践能够促进大学自主办学意识的形成，哪怕仅有少许进

① 张楚廷.教育哲学[M].北京：教育科学出版社，2006：150.

步，也算是一种贡献。

（二）外部因素

影响大学定位的外部因素，从宏观上说是大学所处的区域的政治、经济与文化，从微观上说是对大学定位活动有重要影响的外部评价者。为什么要有外部评价者？一方面，大学定位是一项目的指向性很强的实践活动，需要有裁判员，需要得到外部的评价来验证定位的科学性与否；另一方面，这些外部评价的确在事实上能够影响与指导大学的定位。大学定位问题比较复杂，因为大学本身的身份比较复杂。大学是谁的组织？是一个什么样的组织？一般来说，"大学"是举办者的"大学"。从主要投资者的角度，大学分为公办大学与民办大学，国外叫公立大学与私立大学。民办大学的主体比较单一，公办大学则稍有复杂。公办大学的钱来自于政府，政府的钱来自于财政，财政的钱来自于社会纳税人。所以，对公办大学来说，大学是国家的大学，也是社会的大学，同样也是"大学人"（全体教职工及学生）自己的大学。这样，大学定位就会出现至少两个主要的外部评价者，即国家、社会。这是比较笼统的说法。在大学定位问题上，这两个主体代表人或代言人是谁，我们将在下面进行论述。另外，同行评价必不可少。虽然高等教育系统内的大学同行们彼此相互独立，但是它们之间会相互竞争，会依据对方的定位采取相应的策略。

1. 来自政府的影响

政府是国家公共行政权力的象征、承载体和实际行为体。以政府名义发布的行政命令、行政决策、行政法规、行政司法、行政裁决、行政惩处、行政监察等，在不违反宪法和有关法律的范围内，对所有规定的适用对象产生效力，并以国家武装力量为后盾强制执行。政府的职能主要有政治职能、经济职能、文化职能、公共社会服务职能等。其中，文化职能是指政府为满足人民日益增长的文化生活的需要，依法对文化事业所实施的管理。它是加强社会主义精神文明，促进经济与社会协调发展的重要保证。我国政府的文化职能主要是：① 发展科学技术；② 发展教育；③ 发展文化事业；④ 发展卫生体育。大学是高等教育的主要载体，对大学进行定位与评价是政府的一项主要职能。所以，政府可以被确定为代表国家对大学进行定位的主体。在我国行政系统中，国务院居于最高领导地位，它统一领导所属各部、委的工作，统一领导全国各级地方行政机关的工作，有权根据宪法、法律管理全国范围内的一切重大行政事务。教育部是主管教育事业和语言文字的国务院组成部门。在教育部的网站上，其职能主要有 17 项，其中绝大多数与高等教育直接或间接相关。

1996 年 8 月国家教委在北戴河召开了高等教育管理体制改革会议，确定了“共建、调整、合作、合并”的方针，并确定了中央、省属两级管理体制。由于地方政府更熟悉本地区的具体实情，更利于制定适合本地情况的高等教育政策法规，因此地方政府也是大学定位的一大主体。中央政府与地方政府的权力关系是垂直的。地方政府与中央政府在高等教育管理权限的博弈问题近年来日益引起大学的关注。总体来看，中央政府在不断地放权，而地方政府的权力在不断地扩大。由于各省的经济发展状况不同，各省对高校的管理政策也有不同。所以，省属高校的办学定位问题要比部属院校复杂一些。

我国长期以来奉行的是以计划经济为主体的管理模式，大学的身份与地位由政府所决定。也就是说在我国，政府对大学的定位是任何一个大学在进行自身的办学定位中必须正视的问题。目前，我国的高等教育体制改革尽管已经迈出了很大的步伐，但仍然具有浓厚的计划经济色彩。政府控制着大学办学的相当大的一部分资源，甚至举办权。政府将大学分层分类，并给予相应的经费资助。从利益的角度，可以说政府是大学最大的利益相关者。政府有多种手段调控高等学校，如政策法规、行政干预、经济控制等，其中经济控制是最常用的，也最为有效。我国大学的办学资源过于依赖于政府，大学之间竞争资源的首选目标也是政府的投资。所以政府的政策与手段对大学定位有着重要的影响。

当前政府的教育主管部门对大学的管理还主要依靠行政手段进行直接干预，一方面对具体事务管理得过多过细，另一方面各级教育行政部门缺乏合理分工和统筹协调，也没有注重不同类型、不同层次高校的区别。总之，政府的缺位与越位现象同时并存，通常被指责为造成大学定位难的根源。随着大学办学自主权的扩大，政府对于大学的定位和大学自身的办学定位之间不可避免地会发生冲突。大学对政府的定位与指令是言听计从，还是上有政策下有对策，在对政策进行透彻解读基础上善意地曲解呢？实际上，大学产生之日起，与周围环境的博弈就一直存在，无论是在教会大学时期，还是在高度集权的封建国家，它甚至会存在于任何一种行政管理模式中。就我国当前的情况而言，政府当然希望大学各安其位，这样管理起来就会很容易；但政府绝对不想让大学死水一潭，对稍有些趋高的定位也是默认与鼓励的。这样就考验了政府与大学共同的智慧。因为绝大多数大学是不想墨守成规、安于其位的。事实上国家的政策很多都是普发性的，由于不同高校对于政策解读能力的不同、执行力的不同，其效果会产生很大的差异。如后勤社会化的问题，经过近20年的改革，有的高校的后勤已经能够每年为学校提供上亿元的回报，而有的仍然是学校的沉重包袱。

2. 来自社会的影响

社会的概念比较复杂。广义上来说，社会是人类生活的共同体。人类生活中的所有现象都可以称之为社会现象。马克思主义认为社会在本质上是生产关系的总和，只有具体的社会，没有抽象的社会。具体的社会是指处于特定区域和时期、享有共同文化并以物质生产活动为基础，按照一定的行为规范相互联系而结成的有机总体。构成社会的基本要素是自然环境、人口和文化。通过生产关系派生了各种社会关系，构成社会，并在一定的行为规范控制下从事活动，使社会得以正常运转和延续发展。① 由于定位是一种决策活动，需要依赖一定的组织去进行，因此，对于大学定位而言，社会主体指的是经过法律认可和保护，可参与公共政策的制定、执行和评估，并对公共政策的制定、执行和评估具有强大影响作用，但又不拥有合法的权力去做出具有强制力的政策决定的组织。其社会主体通常可分为四大类：一是参政党；二是利益集团；三是学校；四是大众传媒。② 这四个类型中，参政党对大学定位的影响甚微，不将其列为社会主体的范围。学校是定位的当然主体，需要专门来讨论，在此也不将其列为社会主体的范围之内。

就我国的国情而言，利益集团并没有对大学的定位起太大的作用。利益集团也叫行业协会。这一概念来源于西方，是指使用各种

① 社会的内涵[EB/OL]. http://baike.baidu.com/view/11175.htm.

② 王玲.博弈视野下的课程政策研究[D].济南：山东师范大学，2008.

途径和方法向政府施加影响，进行非选举性的鼓动和宣传，用以促进或阻止某方面公共政策的改变，以便在公共政策的决策中，体现自己的利益主张的松散或严密的组织。例如，如早在18世纪末，美国就出现了全国啤酒制造商协会、全国棉花生产商协会等利益集团。进入20世纪，尤其是第二次世界大战以后，西方国家随着社会经济政治文化的发展，政府对经济与社会管理职能的扩展，科学技术的进步，各种社会矛盾的进一步尖锐化、复杂化，使利益集团在西方大量涌现。据美国协会全书统计，1980年全国非营利性组织14726个，到1989年增至4万多个。

从严格意义上来说，行业协会是社会中介组织，它的产生和发展是社会分工和市场竞争日益加剧的结果，反映了各行业自我服务、自我协调、自我监督、自我保护的意识和要求。作为社会自治的、非营利性组织之一的行业协会，具有弥补政府失灵、市场失调的重要作用。然而，当前我国的行业协会出现了功能异化的现象，主要表现在两个方面：政府化和企业化。其原因主要在于改革开放以来我国行业协会大多数是由政府兴办的，要么是政府直接或者间接组建行业协会，要么是由政府专业经济职能部门转变为行业协会。因此，行业协会从其诞生时起便打上了很深的“行政”烙印，成为政府的附属、助手，这样必然使行业协会具有本不该具有的许多管理职能，政府官员兼任行业协会的主要领导更加剧了行业协会的行政色彩。行业办学曾经是我国高等教育的特色，行业协会作为“中介组织”对大学的办学进行监督与评价，也一直被人们寄予厚望。然而期望归期望，从目前来看，无论是充当“二政府”的行业协会还是具有营利性质的行业协会，它们多充当了大学与企业之间沟通的“桥梁与纽带”，都无法符合社会主体对于大学定位的要求，对大学的定位与发展影响甚微。

大众传媒也可以叫作新闻媒体、社会媒体、媒体等。上述四个社会主体仅有大众传媒对于大学的定位影响甚大。作为信息载体的大众媒介工具通常包括报纸、广播、电视、网络等。由于大众媒介机构主要是借助于“舆论”来对政府的政策施加影响，在美国被称为继国会、法院、总统行政班子之外最重要的一种权力——“第四种权力”。大众传媒往往以独立、客观来赢取公众的信任，也以新闻的快速性、即时性、新颖性来博取公众的眼球，从而产生较强的社会影响力，也是社会群体对于某一事物进行评价的通道与窗口。西方国家对于大学的评价往往是通过新闻媒体来实现的。典型的有美国的《新闻周刊》、英国的《泰晤士高等教育》等。它们有自己的专业研究机构，每年公布一次大学排名，在世界范围内都有较大影响力。当前国内受大家认可度较高的大学排行榜主要出自武书连课题组、中国校友会网、网大这三家。武书连课题组每年都有固定的成果发表在《科学学与科学技术管理》杂志上，国内一些大型的门户网站如搜狐、新浪等及时地转载其研究成果。中国校友会网和网大这两家本身就是大众媒体，它们都有自己的专业研究机构，不仅在自己的媒体上刊登研究报告，也会同其他的媒体合作，扩大影响力。如，中国校友会网联合了《21世纪人才报》、《大学》杂志等国内多家媒体，网大公司被《亚洲周刊》作为其大学评估中国部分的唯一委托人，等等。

大学排名已经成为社会大众评价大学的最主要依据，也是一个无形的指挥棒，引导着大学的定位与发展。虽然目前排名的科学性常受到人们的质疑，但排名结果的确会影响大学的办学定位。排名上升，则会使师生相信学校的发展方向和发展策略是对的，师生对学校的凝聚力加强，学校的各项改革策略及政策能顺利实施，生源质量也会提高；排名下降，情况则会相反。当前，我国大学对待大众媒体排名定位的态度也耐人寻味，有的大学对此漠然视之，有的大学拼命提升排名的位置，有的大学则想法与之对抗。这与目前我国大众媒体对大学排名的权威性有关，也与大学不同的办学实力密切相关。

另外，社会分工与市场机制也会给大学定位带来重要的影响。大学毕业生的就业情况与社会分工及产业结构的状况密切相关；行业发展水平与大学的科研定位密切相关。市场是在用一只无形的手给大学定位带来影响。市场给大学的诱惑越来越多，大学的选择也越来越多。现在问题是，一方面许多大学在市场面前不能够保持适当的张力，陷入产业化与市场化的泥淖；另一方面市场给大学的评价往往是用脚投票的，市场机制不完善与市场中适者生存的残酷法则给大学的发展带来严重的隐患和不确定性。因此，市场机制也是我们研究大学定位时必须要考虑的重要内容。

3. 来自同行评价的影响

大学定位就是要在高等教育系统内，在大学的生态群落中寻找自己的合适位置。对于某一所大学而言，自身的办学定位是需要参照物的，因此选择一个参照物非常重要。在相互参照定位的问题上，参照物可以称为大学同行。参照物来自两个方面，一是同层次同类型的大学，二是同区域内的大学。由此可见，大学办学定位过程中需要正确处理大学之间的竞争与合作的关系。当今大学之间的竞争十分激烈，主要表现在办学理念的竞争、办学资源的竞争。处在同一区域内的同层次同类型的大学之间的竞争尤其激烈。以北大与清华在招生上的竞争为例，2010 年北京大学本科招生总结中写道：据不完全统计，全国各省市文理科第一名中，除两成报考香港高校外，六成以上被北大收入囊中。各省理科前十名考生中，五成以上报考北大；文科前十名中超八成选择北大。[①] 而清华大学当年的招生总结是这样写：今年，据初步统计，九成省份的理科第一名和近三成省份的文科第一名被我校录取。[②]

竞争的背后是博弈，北大与清华在招生方面各出奇招，除正常的全国统一高考录取外，双方还皆在自主招生上做足文章。以北京大学为首的自主招生联盟简称“北约”，以清华大学为首的联盟简称“华约”。2010 年两大联盟成立，自然地就成为相互竞争的对象。至 2015 年这两大“组织”已经基本解体。适度的竞争对于大学的定位与发展是有利的。大学会在竞争对手面前看到自身的不足，有利于快捷地调整相关策略。相反，如果没有竞争对手，大学办学定位没有了参照，大学更易于故步自封、盲目自大。在近年来的合并、调整后，出现了许多一省或一个城市内“独大”的学校，如浙江大学、山东大学、吉林大学、四川大学等。与此同时，也出现了一些同一城市内层次、实力相近而相互竞争的大学，如北京的北京大学与清华大学，南京的南京大学与东南大学，长沙的中南大学与湖南大学，武汉的武汉大学与华中科技大学，上海的上海交通大学与复旦大学、同济大学等。在同一个区域内到底是一枝独大好还是两虎相争更有利呢？现

---

① 北大 2010 年高招录取已近尾声七成以上顶尖学子报考北大[EB/OL]. http://pkunews.pku.edu.cn/xwzh/2010-07/20/content_180188.htm.

② 站在清华新百年的门槛——2010 年清华大学本科招生[EB/OL]. http://www.join-tsinghua.edu.cn/bkzsw/detail.jsp? seq=4029&boardid=26.

在还无法给出明确的答案。当然，大学与大学之间除了竞争之外还有合作。同一类型大学的合作以美国的“常青藤学校”为代表。2009年10月9日我国9所首批“985工程”建设高校（北京大学、清华大学、浙江大学、复旦大学、上海交通大学、南京大学、中国科技大学、哈尔滨工业大学、西安交通大学）一致同意按照“优势互补，资源共享”原则，签订“一流大学人才培养合作与交流协议书”，共同培养拔尖人才，这标志着中国的常青藤大学成立，简称C9联盟。[①] 大学在区域内的合作更为普遍，尤其为北京、上海、南京、武汉等这些高校集中的城市，校际之间学生可以任意选课、学分互认，资源共享。在欧洲，几乎所有欧盟国家的大学都卷入了博洛尼亚进程（Bologna Process）。博洛尼亚进程的有效开展，使得整个欧洲高等教育的实力与影响力大幅提高，正在成为影响世界高等教育的一极。大学在合作与竞争关系处理的问题上，是合作多还是竞争多，笔者认为还是竞争多一些，有些即使是合作，也是隐含了竞争的合作。

四、大学自主定位的原则

依据大学定位的价值与内容，我国学者制定出非常多的大学定位原则。综合来看，多是出于对外部因素的考量。例如，分类分层定位的原则、市场原则、服务面向原则等。笔者在以上定位原则研究的基础上，侧重于大学自主定位的方法总结出三个原则：战略性原则、专业化原则、务实性原则。

（一）战略性原则

定位与战略是紧紧联系在一起的。定位是战略的起点，大学定位是对大学这个学术组织的自我认识。定位的过程就是自我认识的过程。定位本来产生于工商业，是一个企业或产品的学术名词，但近年来频频被政府与大学所使用。如前所述，本科教学评估时需要大学进行定位，“十二五”、“十三五”及各类的中长期发展规划中都需要大学来进行定位。但定位并不纯粹是应景之作，不是看到别的学校

---

① 9校联盟[EB/OL]. http://baike.baidu.com/view/2941846.htm#sub2912310.

在做我们也必须要做,它是要解决问题的。定位就像是一个航标,定位活动就像一个探照灯,它要映射大学发展中的困惑,确定发展方向与发展目标。战略规划的制定与实施并不容易,规划意味着改革,否则,为什么要进行这项工作呢?保守一点不好吗?维持现状或仅就一些细节性的措施进行改变不更好吗?况且改革意味着要触动一些人的利益,也是有风险的,如果失败会使情况变得更糟。但是,大学发展中的问题并不会因为有没有定位而消失,问题照样存在。所以定位就是要发现问题,但它不是解决细节性的措施问题,而必须站在战略的高度发现问题。同时,也必须具有战略眼光才能使高等学校实现自身目标的准确定位。大学自主定位的战略性原则表示了两个立场:

第一,大学的定位就是要找出学校的核心竞争力并打造品牌效应。核心竞争力与品牌效应有以下几个特征:异质性、延展性、不可复制性。异质性是指一所大学不可能在所有的方面都比其他大学强,世界上一流大学也做不到。大学定位就是要找出自己与其他大学的异质性,有所为有所不为,也就是通常我们说的个性化定位。延展性是指大学定位目标一定要有统领作用,能够打造一个平台,具有较强的辐射力,并在这个平台上不断加强、更新自己的核心竞争力。不可复制性是指任何一个学校品牌与声誉的确定都要经历较长的时间周期,是其学校内外独特的历史文化所决定的。可以模仿别校的措施,但仅靠模仿而不发掘自己的文化与精神,一定形成不了自己的特色。这也是我国长期以来尽管大学有趋同化定位的现象,而高等教育的等级与层次格局相对稳定的原因。

第二,定位是描绘发展蓝图的,不能指望定位解决所有的问题。定位指明了办学的方向,但它是蓝图,而不是具体的规划措施。规划都解决不了所有的问题,何况定位?战略管理学家亨利·明茨伯格认为,战略规划能起作用,但它不是一件容易的事。对战略规划抱现实主义态度,……千万不要屈从于那些完美主义者、悲观主义者和行动迟缓者。①

---

① Mintzberg H. The Rise and Fall of Strategical Planning[M]. New York: Harper&Row,1994.

（二）专业化原则

定位问题近年来才引起我国多数大学的重视，在对待定位的态度上，在定位的方法上是有很大差异的。在此，提出大学定位的专业化原则，是因为有许多大学在定位时态度过于随意，方法过于简单。当前我国的大学定位实践存在着重经验轻理论、重行政轻学术、重建设轻使命等现象。常见的是找几个人一间房封闭几天，参考别的学校的定位，就可以拿出一份定位报告，或者是为了“赶工期”，为了学校的某些重大事件需要才进行大学定位研究。这样“拍拍脑袋”作决策，其定位报告的质量与指导大学办学的有效性可想而知。我们认为，大学定位是一项专业化的活动，对待大学定位的态度要有慎重与敬畏的心理。

第一，定位需要专业化的知识与人才。大学的战略管理需要专业化的知识与方法，定位也不例外。它需要全面而科学的信息采集、处理，需要专家们用专业化的眼光来论证。定位一定要由专业人员来做。进行定位研究的专业人才要具备社会学、管理学和教育学等多学科的知识，还要有数理统计等方面的专业技术人才。多数大学都可以整合或发掘出相应的人才。必要时还要聘请国内此领域的专家学者来进行定位咨询与研究，他们的视野与专业知识会给学校带来帮助。

第二，大学定位具有学术化的态度。大学是学术组织。大学定位不同于工商业的定位，也不同于政府的定位。大学有其专门的事务，有其不同于其他部门的理念与管理策略。大学本身就是一个学术化的场所，大学的事要按照学术中的事来做。所以，一定要用学术的态度来研究学校的定位，而不是纯技术性与事务性的工作。

第三，专业化的方法。大学定位研究有一套专业化的流程。它和大学的其他学术课题研究一样，也有“问题提出—综述—研究方法—结果分析”等规范；它也要进行理论准备、现状评估、环境扫描、目标确定、文本制定等流程；它也需要定性研究与定量研究相结合，需要有多种研究与评价方法的综合运用。

（三）务实性原则

大学定位中存在的问题，很大程度上是因为大学定位时没有采用务实的原则。首先,大学的环境扫描要全面而客观。以下五种环境的扫描缺一不可:一是内在环境,包括管理人员、教师、校董等的状况;二是市场环境,包括学生、校友、捐赠者、用人单位等;三是公共环境,包括政府机构、新闻媒体、一般社会公众等;四是竞争环境,包括在类型、层次、地域上相类似的学校;五是宏观环境,包括政治、经济、文化、人口、科技等。

其次,定位的目标要明确、具体且具有可操作性,是学校在规划的期限内能够达到的目标,避免出现"大跃进"的现象。后发优势、跨越式发展等功利性较强的提法要避免在定位文本中体现。

最后,有敢于舍弃,重点发展,但要避免出现大起大落的定位。当前我国的大学定位有向综合性发展的趋势。单科性的大学基本没有了,多科性的大学遍地开花,综合性的大学越来越多。学科只增不减曾是全国范围内的共同现象。剑桥大学一位名誉校长就此曾经说过一句富含哲理的话:"一所名副其实的大学应以它选择不去做某些事情和它要做某些事情同样知名。"斯坦福大学本来有过建筑系,但由于相邻的加州理工大学的建筑学实力非常强,就把它取消了。

在工商界有句格言:没有夕阳的产业,只有夕阳的企业。在大学里,不是学科不好,而是建设得不好。学术组织有相对稳定的结构,也有促进学科间相互融合的机制与能力。所以最好不要简单地取消某个学科或专业的建设,这样的做法是不符合大学的特点的,也是得不偿失的;要尽量利用大学的学科优势,促进学科之间的融合与相关资源的整合。要用逐渐缩减经费的方法,给它们以危机意识,以竞争的压力;同时给予他们一定的政策,在不影响学校声誉等的情况下,让它们面向市场办学;要加大相关学科融合的力度,尽量把舍弃转化成新的增长。

第二章　政府评价:权力监管中的大学定位

一般认为,大学的办学定位应是具有法人资格的大学自主决定的事,但是在实践中,大学办学定位的诸要素,包括办学目标、办学类别、办学层次、办学规模等,无不受到政府的影响。也就是说,政府在大学办学定位中起到了导向作用,甚至在某些方面还具有决定性的影响。从上述可知,大学定位从本质上来说,是一种组织定位。因此,政府对于大学的定位从本质上来说,是政府认为大学是一个什么样的组织,需要这个组织做什么以及怎么管理这个组织。即政府对于大学的定位是一种基于权力的管理定位。政府目标的实现有赖于众多的高校,高校目标的实现也有赖于政府。这中间的联系纽带,就是对资源的分配和占有。

一、西方政府对大学的定位:以利益关系为中心的考察

政府与大学的关系问题自中世纪大学产生之日起就出现了,常常是和政治、经济、文化等交织在一起,十分复杂。它是研究高等教育不可回避的永恒话题,也是十分难以解决的问题。学者们从不同的角度分析了大学与政府的关系,有的从文化的角度,有的从历史的角度,有的从权力的角度,等等。尽管角度与见解各不相同,其主要目的皆为:一是扩大高校的办学自主权,为大学争取更大的利益。二是恰当地为大学定位。韩映雄以利益为视角,对大学与政府的关系进行了历史考察。他以西方政府与大学之间存在的利益关系为线索,发现并提出自大学产生以来政府与大学之间的四种关系形态:无共同利益期、国家利益主导期、大学利益主导期以及利益共生期,如

表 2-1 所示。①

表 2-1　　不同历史时期政府与大学关系形态比较

时间	关系形态	政府对大学的态度	大学对政府的态度
大学产生至 14 世纪末	无共同利益	理解、尊重、不干涉	不接受、不尊重
15 世纪初至 18 世纪末	国家利益主导期	不理解、不尊重、控制	不能接受、无法自愿
19 世纪初至 20 世纪中叶	大学利益主导期	理解、照顾自主权、干预	接受、愿意
20 世纪中叶至今	利益共生期	理解、尊重	有条件地接受

从表 2-1 中可以看出，在大学产生至 14 世纪末，政府与大学无共同利益，“大学在政府看来还是并不成气候的组织”，政府不需要大学来巩固政权，大学对于政府也没有什么财富上的贡献，也没有积极地“入世”。政府对于大学的定位就是一个“可有可无的组织”，因此“理解、尊重、不干涉”。而此时的大学办学自主权很大，是相对独立的自治组织，充分享有研究与活动的自由。大学的自由主要体现在一些特权上：“迁校自由；免除赋税和服兵役的义务；有权设立特别法庭，有内部自治的权利；大学教授享有参政权；审定教师资格”②，这也是纽曼及其追随者们的“理想的大学”。

在 15 世纪初至 18 世纪末，大学成为政府与教会斗争的牺牲品，政府要在事务上控制大学以显示其威望，教会则从精神上控制大学，而大学在原有的“理念与运作”惯性下继续在象牙塔中自赏，甚至表现出了与社会进步的不协调性。因此，此时的大学被政府认定为需要控制的组织，是一个需要改造的组织，其主要目的并不是为国家政府带来什么经济上的、文化上的支持，而是显示其与教会势力服务。由于政府在与教会的斗争中占据了上风，其对大学的控制越来越强，其后果是使大学的国际性不断削弱，大学的民族性与地区性越来

① 韩映雄.政府与大学关系的历史考察及启示[J].现代大学教育，2004(3).

② 潘后杰.欧洲中世纪大学兴起的原因、特点及其意义[J].四川师范大学学报(社会科学版)，1993(3).

越强。

在18世纪末到20世纪中叶，西方社会在逐步进入资产阶级社会后，资产阶级作为新兴的、进步的社会力量，得到了大学的支持。大学无意识地为政府服务却在事实上给政府带来些许好处，例如培训专门人才，成为城市的名片等。而这一时代资产阶级的管理方式也使得政府对于大学的控制不再像之前的时代那样赤裸裸，而是有目的、有保留、有选择地去“干预”。经费是联系政府与大学关系的纽带与调节器。政府通过为大学提供经费使得大学开始从无意转为有意识地为政府提供部分服务。政府对于大学的管理随着国体的不同开始分化，有的以中央集权为主，如法国，国家出钱办大学；有的以分权管理为主，如美国、英国，以经费作为调节手段。在集权为主的国家，政府对于大学的定位就是国家的附属机构；而在分权为主的国家，政府会把大学定位于协作机构。

20世纪中叶至今，随着知识经济社会的到来，大学这个以知识与学术为中心的组织在社会经济发展中的作用越来越重要。同时大学与社会的关系越来越复杂，大学成为社会中众多的利益纠结点，大学从社会的边缘逐渐走向了社会的中心，大学的作用与地位重新被政府所认识。大学的数量与类型的丰富化，经费的来源多样化，意味着大学对政府的依赖在降低，大学与政府更多地表现为一个利益共同体。巨型大学开始出现，大学的自我发展、自我进化能力加强，大学已经衍化成为一个可以自我衍生的组织。虽然部分大学目前仍然存在着倒闭的危险，但是总体上来说，大学和政府一样成为具有鲜明特征的社会组织。大学在与政府的合作中各取所需，大学与政府的关系进一步进化，不再是协作机构，而是利益共同体组织。许多游离于政府之外的组织与行为，在大学中得到了充分发挥的空间。大学的学术价值与文化价值进一步被社会所认可，大学自此被定位为一个不可或缺的社会组织。

我国现代意义的大学起步较晚，而且在成立初期就是以国家利益为主导的，没有经过西方国家所谓的无共同利益期。大学的自治与自由从一开始就先天不足，且随着国家的发展，我国政府与大学的关系存在着跳跃性。王丽萍划分了我国大学与政府利益关系的三个时期：一是国家利益主导期（清朝末期和新中国成立至改革开放）；二是大学利益主导期(民国时期和国民党统治时期),三是国家和大学利益共生期(改革开放以来)。可以看出,我国政府与大学的关系直接由国家利益主导期转向于利益共生期,但目前我国政府和大学之间的关系还不能完全用"利益共生"这种形态来描述,只能说正在从国家利益主导期阶段向利益共生期阶段转变。① 韩映雄认为,总体上来看我国目前仍处于国家利益主导期,其特征有二:一是虽然大学的办学自主权有所扩大,但集权式的管理仍然没有改变,政府决定了大学的举办权、招生权,甚至是发展权;二是公办高校占主体地位,无论是数量还是办学质量,民办高校都处于金字塔的底层。如前所述,在国家利益主导时期,如果是政府采用集权式的管理,大学很容易被政府定位于一个附属机构。至于这个附属机构的性质和主要任务是什么,要看政府在这一时期对大学的主要需求是什么。下面简要分析新中国成立至今,政府对于大学定位的目标与形式。

二、我国政府对大学进行定位的形式

(一)法律定位

《中华人民共和国民法通则》将公立高校规定为"事业单位法人"。《中华人民共和国教育法》第三十二条规定:学校及其他教育机构具备法人条件的,自批准之日起取得法人资格。《事业单位登记管理暂行条例》规定:事业单位是指国家为了社会公益目的,由国家机关举办或者其他组织利用国有资产举办的,从事教育、科技、文化、卫生等活动的社会服务组织。《中华人民共和国高等教育法》第三十条规定:高等学校自批准设立之日起取得法人资格。由此可见,我国的公立高校在法律上被定位为"事业单位"。进一步说,高校是行政单位的附属机构。这种定位反映了高校所具有的部分特点,如非政府性、公益性、非个人性。但是也带来了明显的弊端,如行政化现象严重、政事不分等。而对于大学的办学定位而言,这种定位没有充分解

① 王丽萍.中国近现代政府与大学利益关系的考察[J].江苏高教,2007(1).

决其办学自主权的问题。[1] 政府作为大学的投资者，将大学的举办者、管理者与办学者等角色混为一体，造成政府与大学之间权力关系的不对等。我国高等教育的改革，无论是宏观的还是微观的，其动力多来自于政府，而非高校自身。

（二）体制定位

具有政治意味的管理体制决定了大学作为国家的一个部门将长期存在，所以体制定位也叫政治定位。

新中国成立后，我国高等教育在性质上是“中国共产党领导下的，以马克思主义为指导的，社会主义的高等教育”。在体制上，实行单一的全民所有制，由中央进行高度集中统一领导。大学在新政府的眼里，不仅是一个教学机构、科研机构，而且也是一个政治机构。在接收国民政府的大学、教会大学的同时，随即建立新型的大学，建立一个新的高等教育体系。再以中国人民大学为例，其前身是1937年诞生于抗日战争烽火中的陕北公学，以及后来的华北联合大学和华北大学。1949年12月16日，中央人民政府政务院第十一次政务会议根据中共中央政治局的建议，通过了《关于成立中国人民大学的决定》，提出有计划、有步骤地培养新国家的建设干部。中国人民大学的政治地位由此可见。在我国的高校体系中，中国人民大学一开始就被放在金字塔的顶端。[2]

学习苏联的办学体制有其不言而喻的、重要的政治意义，既是当时国际政治形势下的无奈之举，也是新政府用马克思主义意识形态来改造大学的主动举措。院系调整的政治意义也是不言而喻的。大学收归国有之后，全国一盘棋，院系调整就是按照需要将原有的棋子重新组合，重新造“势”。在院系调整中，原有高校长期以来树立的学术权威被调往另外一所大学，校长被重新任命，大学的原有专业和教师被调整到另一所高校，其目的是建立一个全新的、易被掌控的、服务于新社会的大学新体系。通过院系调整，一批红色知识分子走向

---

① 薄建国，王嘉毅．公法视野中我国公立高校法人制度的重构[J]．高等教育研究，2010(7)．

② [加拿大]许美德．中国大学1895—1995：一个文化冲突的世纪[M]．许洁英，译．北京：教育科学出版社，2000．

了高校领导的岗位，如蒋南翔（清华大学）、成仿吾（东北师范大学）、匡亚明（吉林大学）、吴子牧（北京矿业学院）、朱九思（华中工学院），等等。这些校长们既能从政治方面把握方向，又能从大学的办学规律出发，尊重知识分子。事实上，在接收旧中国的高校后，这些校长们为高校的平稳过渡及迅速发展打下了良好的基础，对新中国初期的高等教育发展甚至未来的发展贡献很大。

我国大学目前实行的是党委领导下的校长负责制，下面简述它的由来过程，试图从高校内部领导与管理体制中找到政府对于大学进行政治定位的线索。新中国成立初期，我国高校内部实行校（院）长负责制。“教育革命”（1958～1960）期间，为了加强党对高校的领导，取消了过去学习苏联“一长制”而实行的校长负责制，一切高等学校都实行党委领导下的校务委员会负责制。中组部从中央一级党政机关抽调了近千名高级、中级党员干部，加强文教战线的领导，其中新任高等学校校（院）长、党委书记的有100多人。各省市也都从省直机关抽调了大批干部加强学校党委的领导。客观地说，有些党员干部的整体学历并不高，甚至有的仅相当于半文盲的水平。虽然大部分同志有工作的热情，但也有部分党员干部存在着到高校养老的想法，而且在工作中他们的所想和所做并不一定能和高校的办学规律和管理实践相贴合，甚至有些做法还违背了教育规律。尤其是在工作中普遍采取了“宁左勿右”的政治观点和做法，给高校的师生带来了外行人管理内行人的想法，干群关系紧张，甚至对立。毛泽东专门对《清华大学物理教研组对待教师宁“左”勿右》一文进行了批示，可见当时党群关系的紧张程度。这些领导干部管理高校的时间很长，有些人到20世纪80年代末才离开高校的领导岗位，对我国高等教育的发展带来了很多潜在的影响，利弊参半，有待我们进一步研究。为了纠正高等教育“大跃进”带来的不良影响，1961年《教育部直属高等学校暂行工作条例》（简称《高校六十条》）中规定，高校实行“党委领导下的以校长为首的校务委员会负责制”。《高校六十条》调动了广大教职工的积极性，使学校的工作很快走上正轨并取得初步成效。

“文化大革命”时期，高校几乎所有的工作都被政治化了，变成了“无产阶级专政的工具”。在“文化大革命”的“斗、批、改”中，一些高等学校被撤、并、迁。1969年10月26日，中共中央发出《关于高等院校下放问题的通知》，其中规定：教育部所属的高等学校全部交由所在省、自治区、直辖市革委会领导，与厂矿结合办校的也可交由厂矿革委会领导。“文化大革命”时期工人、解放军宣传队事实上执行着大学的管理工作，实现所谓的以无产阶级面貌改造大学的目的。①

“文化大革命”后，高校开始探索实行“党委领导下校长分工负责制”。强调在加强党的领导的同时，“充分发挥行政系统的作用，吸收学有专长、富有经验的教师担任领导职务”。一批声誉卓著的专家、学者纷纷走上高等学校的领导岗位，如唐敖庆（吉林大学）、苏步青（复旦大学）、李国豪（同济大学）、钱伟长（上海工业大学）等。在这些学者的带领下，高校也迅速从“文化大革命”的创伤中摆脱出来，全国高等教育形势呈现出欣欣向荣的景象。1985年《中共中央关于教育体制改革的决定》中提出，学校逐步实行校长负责制，有条件的学校还要设立由校长主持的、人数不多的、有威信的校务委员会，作为审议机构。1985年后，高校开始实行校长负责制的试点工作，试点高校一般很快建立了教职工代表大会制度，推进了学校民主管理、民主监督的进程。到1989年初，全国约有200所高等学校试行校长负责制。1989年，为了加强高校思想政治领域的建设，试行校长负责制的高校陆续改为实行党委领导下的校长负责制的领导体制，一直延续至今。此后，思想政治工作一直是大学的重要工作，稳定成为大学重要的工作之一，也是社会稳定的重点工作之一。

从以上可以看出，高校内部领导管理体制变革的历程是：校（院）长负责制—党委领导下的校务委员会负责制—党委领导下的以校长为首的校务委员会负责制—党委领导下校长分工负责制—校长负责制—党委领导下的校长负责制。

当前，我国大学的规模越来越大，万人以上的大学比比皆是，5万人以上的大学也有很多。另外，随着各地建设大学城风潮的兴起，大学在很多地方已经成为一座“城市”。此时对于政府而言大学的重要作用不仅有学术上的，在某种意义上还和大型国企及其他大型的机构一样，成为维护当地稳定的一个重要因素。1990年7月，

① 郝维谦，龙正中. 高等教育史[M]. 海口：海南出版社，2000.

中共中央颁发《关于加强高等学校党的建设的通知》，对加强高校党的建设提出了明确的要求：① 明确高等学校的领导体制，坚持党委的领导地位；② 加强领导班子建设，保证领导权掌握在热爱马克思主义的人手中；③ 把思想建设放在高等学校党的建设的突出位置……⑧ 地方党委要加强对高等学校党的工作的领导，中央国家机关有关部委党组（党委）对所属院校党的工作要予以指导。从这里可以看出，无论学校的“级别”有多大，无论学校隶属于哪个部门，其党委一定是属于地方党委来领导。这是在学校的内部领导体制——党委领导下的校长负责制的基础上，对于高校党务工作的外部衔接做出的明确安排。地方党委管理高校党的工作，也是一个值得研究的问题，例如对于高校跨省区的分校区建设带来了一些微妙的影响，笔者在此不展开论述。在实践上，几乎所有的省、自治区、直辖市党委都自觉担负起指导本地区内各高等学校的党建和思想政治工作的职责，对于高校的思想政治稳定起到了重要的保障作用。

因此在我国讨论大学的组织与权力和国外不同的是，不仅有学术权力与行政权力，而且还有党委权力。大学的组织机构往往分为党委部门和行政部门。党委部门与行政部门职责不清的问题，长期困扰着大学的发展。当前我们探讨大学的去行政化，一个不得不面临的问题就是如何处理党委系统的去行政化。因此在多数情况下，大学的政治定位是不可博弈的，只是在一定范围内高校可以灵活处理。如组织机构设置，目前“211 工程”高校几乎都开始实行党委系统与行政系统合署办公，这在一定程度上有利于减少两个独立系统之间的相互扯皮、推诿现象。

除此之外，给大学定级别也是我国高等教育的特色现象。人们在谈论某大学时总会不自觉地问它是什么级别。当前我国有 31 所中央直属的副部级大学。无论谁做这 31 所大学的校长、书记，均享受副部级待遇。其余公办高校的校长、书记享受厅局级待遇。

（三）职能定位

（1）教学机构。新中国成立后，我国高等教育全面学习苏联的高等教育体制。大学在 20 世纪 50 年代被定位为一个专门的教学机构。科研功能基本上从大学中剥离出去，专门成立了一个庞大的中国科学院，负责科学研究工作。1950 年 7 月 28 日政务院通过的《教育部关于实施高等学校课程改革的决定》中规定:“高等学校的课程改革要克服‘为学术而学术’的空洞的教条主义的偏向。……高等学校应以学系为培养专门人才的教学单位,各系课程应密切配合国家经济、政治、国防和文化建设当前与长期的需要,在系统的理论知识的基础上,实行适当的专门化。……应有计划有步骤地加强高等学校内研究部或研究所的研究工作,并以此作为培养我们国家的高等学校师资的主要场所。”可以看出即使是存在于重点大学的科学研究工作,也主要是为教学服务的;重点大学尽管也培养一些研究生,但数量非常少,他们主要是作为师资培养,而不是作为专门科研人才培养的。①

这种定位是依据新中国成立后经济建设迫切需要大量的专门人才决定的。当时高等教育基础薄弱,科研基础几乎为零,师资严重缺乏等,都需要从教学来重点抓起。可以说这个定位不仅是由于学习苏联所致,也是当时的国情所致。

1952 年全国高校开始院系调整,这次调整的重点是仿效苏联高等学校的类型,整顿和加强综合大学,发展专门学院(工业学院和师范学院)。1953 年 10 月 11 日,政务院颁布《关于修订高等学校领导关系的决定》,将全国的大学分为综合性大学、多科性高等工业学校、单科性高等学校。综合性大学由中央高等教育部直接管理;多科性高等工业学校由中央高等教育部或有关部门委托管理;单科性高校由中央有关部门或所在大区、省市人民政府管理。这时政府基本上是按照专业来给大学分类定位的,是教学与人才培养的定位。在教学上,制定了全国统一的教学计划、教学大纲等,凸显了高等教育的计划性。

这种教学机构的定位一直影响了整个计划经济时期,虽然其中高校的科研工作也取得了投入少且效果显著的成绩。1963 年 1 月 3 日至 11 日,教育部在北京召开了全国高等学校自然科学研究工作会议。会议的主要内容是讨论《教育部直属高等学校自然科学研究工作暂行简则(草案)》和 1963 年直属高等学校自然科学研究工作的安排。会议明确了高校科研工作的几个问题:① 高等学校应该在教学

---

① 胡炳仙.中国重点大学政策的逻辑起点[J].现代大学教育,2008(2).

为主的前提下，积极开展科学研究工作；② 高等学校的科学研究工作必须坚持为“四个现代化”服务，并逐步形成特色；③ 高校必须建立一支又红又专的科学研究队伍，并初步确定在教育部所属的11所高等学校中建立18个研究机构。

(2) 由教学机构向科研机构转移。1977年7月29日，邓小平在听取教育部工作汇报时指出：重点大学既是办教育的中心，又是办科研的中心。1978年3月18日，全国科学大会在北京召开，此次会议明确提出“大专院校是科学研究的一个重要方面军”。此后的全国教育工作会议中也重点讨论了加强高等学校科学研究等问题。党的十一届三中全会后高校的科学研究工作迅速发展，到“六五”末高校的科技经费从70年代末的几千万元增至1985年近6亿元。“六五”期间国家表彰的科技攻关项目291项，其中高等学校有62项，占21.3%，而经费只占国家科技攻关项目支出费的5%。“七五”期间，高校牵头和参加的科技攻关项目占35.7%，所用经费只占13%，出现了一大批高水平的科研成果。可以说，高校科研地位的提高，除国家的政策以外，与高校广大教师的辛苦努力是分不开的。

1994年6月，改革开放后的第二次全国教育工作会议召开。在此次会议上，国家决定实施“211工程”。“211工程”的主要精神是：为了迎接世界新技术革命的挑战，面向21世纪，要集中中央和地方各方面的力量，分期分批地重点建设100所左右的高等学校和一批重点学科、专业，使其到2000年左右在教育质量、科学研究、管理水平及办学效益等方面有较大提高，在教育改革方面有明显进展，力争在21世纪初有一批高等学校和学科、专业接近或达到国际一流大学的水平。

“211工程”建设是以“重点学科”建设为基点的“重点高校”建设，突出强调了“重点学科点、科研水平、办学效益”，符合当时高等教育发展潮流。而重点学科建设则是以科研成果、师资(科研人员)为基点的。因此，“211工程”学校建设体现了国家在对大学定位中将科研功能作为了一个重要的指标。我国的大学真正从单纯的教学机构逐渐转变成为一个教学、科研并重的机构。

“985工程”是在“211工程”基础上的一个优中选优的项目，是我国政府为建设若干所世界一流大学和一批国际知名的高水平研究型大学而实施的建设工程。1998 年 5 月 4 日,江泽民在庆祝北京大学建校一百周年大会上向全世界宣告:“为了实现现代化,我国要有若干所具有世界先进水平的一流大学。”由此,教育部决定在实施“面向 21 世纪教育振兴行动计划”中,重点支持国内部分高校创建世界一流大学和高水平大学,简称“985 工程”。进入“985 工程”的高校无疑被定位为国家一流的研究型大学。“211 工程”高校与“985 工程”高校均获得了国家的重点资金支持。巨大的名誉与利益诱惑也使得许多高校将创建一流大学作为奋斗的目标,这也造成了大学办学定位的目标趋向同化。在国家办学的体制下,在大学办学经费来源渠道较为单一的情况下,这种“拨款定位”的方式对一所大学的发展来说尤其重要。后来“211 工程”大学不断地增加。出于提高西部高等教育水平的目的,一些偏远省份也有了自己的“211 大学”,到今天“211 工程”大学总数已经超过了 100 所。“985 工程”也很快扩容,最后确定的“985”高校是 34 所。至此,国家对于大学的定位已经从教学科研并重开始向重科研的方向倾斜。

2011 年,教育部、财政部启动实施“高等学校创新能力提升计划”(简称“2011 计划”)。2013 年 4 月,教育部公布“2011 计划”的首批入选名单,4 大类共计 14 个研究领域获得优先扶持;2014 年第二批共有 24 个研究领域获得支持;2015 年按照《国务院关于取消非行政许可审批事项的决定》(国发〔2015〕27 号),教育部取消了对“2011 计划协同创新中心”认定的审批。“2011 计划”是典型的以研究项目为核心的计划,是对高校科研能力的又一次强调。

2015 年 10 月 24 日,国务院印发《统筹推进世界一流大学和一流学科建设总体方案》,要求按照“四个全面”战略布局和党中央、国务院决策部署,坚持以中国特色、世界一流为核心,以立德树人为根本,以支撑创新驱动发展战略、服务经济社会发展为导向,坚持“以一流为目标、以学科为基础、以绩效为杠杆、以改革为动力”的基本原则,加快建成一批世界一流大学和一流学科。2016 年 2 月,教育部印发的《教育部 2016 年工作要点》中要求加快世界一流大学和一流学科建设,制定“双一流”实施办法。什么是世界一流大学? 目前的认定较为模糊,但是什么是一流的学科却有相对衡量的标准。2012 年 1 月,中国校友会网大学研究团队率先将我国大学进入世界 1%

的“ESI论文总被引频次”作为反映大学“学术声誉”指标纳入中国大学评价中。将一流学科与ESI相结合是值得商榷的，但是它已经在指导各高校的办学实践了。在“双一流”的指导下，我国的大学将一流学科的建设作为当前工作的重点，甚至通过调整校内学科与资源配置的方法来建设所谓的一流学科。所以当前的“双一流”在具体的操作实践上就是“单一流”，即高校在努力促使本校的某个学科达到所谓的一流水平。

综上所述，从“211工程”、“985工程”、“2011协同创新计划”、“双一流”都是在一步步强化对高校科研能力的要求。在政府看来，科研能力强的高校等同于办学水平高的高校。在高校的内部管理机构中，教务处长期以来是高校的第一大业务处室，这和长期以来大学的教学定位是相关的。但近年来，科研处、学科办(有的学校将两者合而为一)的地位迅速上升，甚至在经费、人员数量上都全面超过了教务处，这是高校应对政府重视大学科研功能定位的一种自然的、直接的反映。

(四) 管理定位

政府主导下的大学定位实际上是一个基于大学分层上的定位。政府通过有目的地给大学分层，有目的地使大学按照一定的标准形成一个层次合理、结构合理的高等教育系统。然后再通过政策调节的手段，给不同层次的大学以不同的职能，使不同层次的大学各安其位，各司其职，并建立一个稳定、缓慢而有序的层际流动制度。

将部分大学划成重点大学并进行重点投入，是我国政府对大学进行定位的一个重要特征。“全国性重点大学”这个词出现是在1954年。1954年我国通过《关于重点高等学校和专家工作范围的决议》，指定中国人民大学、北京大学、清华大学、哈尔滨工业大学、北京农业大学、北京医学院为全国性的重点学校。文件指出，“确定重点高等学校是为了使这些学校在贯彻中央所规定的方针政策，学习苏联先进经验，进行改革，加强行政领导等各方面能够先走一步，取得经验，由高等教育部及时总结推广，以带动其他学校共同向前”①。

① 何东昌.中华人民共和国重要教育文献(1949—1975)[M].海口:海南出版社,1998:362.

此后，随着经济社会发展的需要及高等教育自身的发展，中共中央国务院不断增加重点大学的数量。1954～1979 年国家共确立 96 所高校为全国重点高等学校。

1985 年，全国教育工作会议出台了《中共中央关于教育体制改革的决定》(简称《决定》)，其对于高校管理体制的影响主要体现在：扩大高等学校办学自主权，实行中央、省(自治区、直辖市)、中心城市三级办学的体制。《决定》中办学自主权包括的内容很广，如招生、教学、科研，人事、与企业合作、对外交流、经费使用等，改变了高校长期以来被管得过死的局面，大大激活了高校的办学主动性和积极性以及适应经济发展和社会进步的能力。三级办学体制也极大地促进了中心城市和地区的办学积极性，新办学校数量增加很多。如广东省到 1986 年底就复办、合办、新办了 19 所普通高校。1996 年 8 月，国家教委在北戴河召开高等教育管理体制改革会议，确定了“共建、调整、合作、合并”的方针，并确定了中央、省属两级管理体制。共建就是省部共建，调整就是调整区域内外的高校布局结构，合作就是高校间教科研、管理、后勤等的合作，合并就是因地制宜地对各高校进行实质性的融合。通过合并，我国出现了一批文、理、工、管、医等各大学科门类齐全的综合性大学，如浙江大学、吉林大学、扬州大学等。20 世纪 90 年代以来，在创办世界一流大学的指导思想下，国家集中了有限的资源，先后实施了“211 工程”、“985 工程”、“双一流”等，其实这也算是国家对于大学进行分层与定位的一种体现。

至此，我国已经形成了一个层次分明的金字塔形的高校体系。自上而下，最上层是“985 工程”大学，接着是“211 工程”大学，下面是省属重点高校，省属普通高校，最下层是地级市属高校、新建本科院校、高职高专及民办专科院校等。

从上述研究可以看出，无论是法律定位还是体制定位，我国的大学与政府基本上是无法进行博弈的。这倒不是两者在此不存在博弈关系，而是因为博弈的解是明确而唯一的，是不可改变的。不仅法律的神圣不可侵犯，而且党委领导下的校长负责制及其相关的体制定位是我国的国情，是大学定位研究的“红线”，不可一跃而过。但是在职能定位中，由于政府对于大学评价向科研方面转移，基于大学的实力与类型的不同以及对国家相关政策解读的偏差，大学的办学定位实践出现了偏差。在管理定位中，由于当前我国大学与政府的关系仍然处于国家利益主导期为主的阶段，代表国家的政府对于大学更多地采取“控制”的手段进行管理，而分层则是政府对于大学管理的有效方式。在这种管理的语境下，大学会体现出或多或少的“不情愿”，两者会围绕利益的分配而展开利益权的争夺。政府对于大学办学自主权的收与放，大学对于办学自主权的明争与暗夺，是以利益为主线的。因此，权力的收放与争夺是大学与政府进行定位博弈的核心。

三、大学的权力：政府与大学进行定位博弈的核心

（一）高等教育系统中的权力划分

权力现象是人类社会存在的普遍现象。在人类的管理活动中，可以说权力无处不在。《中国大百科全书·政治学》认为，“在社会生活中，凡是依靠一定的力量使他人行为符合自己目的的现象，都是权力现象”。《现代汉语词典》中解释为“政治上的强制力量；职责范围内的支配力量”。权力是一种强制力量，决定权力性质的，主要是权力的主体。伯顿·克拉克认为：“讨论工作和信念而不涉及权力的有关方面，是不可能。”①

权力主体是占有或行使权力的个人或团体。权力主体主要指国家，即作为统治阶级工具的政府。此外还包括政党、政治社团以及政治个人。权力客体指接受权力作用的群体或个人。权力主体与客体的关系是相对的。个人或团体在某个范围或行动中表现得强有力，而在另一个范围或行动中就可能相对软弱。

依据不同的视角，权力的分类很多。政府与大学之间的权力可以分为四个类型：① 强制性权力。在计划经济时代，政府对于大学的强制性权力是非常明显的，几乎大学的一切事务皆在政府指导下实施。在计划经济向市场经济转型的过程中，强制性权力在不断减

---

① [美]伯顿·克拉克．高等教育系统——学术组织的跨国研究[M]．王承绪，等，译．杭州：杭州大学出版社，1994：120．

少,功利性权力相对增长。② 功利性权力。功利性权力基本上与强制性权力相反,如果权力客体服从权力主体的意志,权力主体就会承诺给权力客体某种好处。这种权力被称为功利性的,是因为权力主体对客体提供的东西是实用的、有价值的。功利性权力有利于调动大学办学的积极性与主动性。③ 操纵性权力。操纵性权力并不是建立在公开的沟通基础之上,而是以更巧妙的方式全部或部分地改变权力客体的价值观。操纵性权力是一种意识形态的控制权力。对于政府而言,要用国家利益的高度来保证大学的办学为国家经济社会发展服务;对于大学而言,要用知识的普适性价值、世界通行的大学制度等来影响政府改变对于大学的管理策略,提升大学的地位。④ 人格型权力。人格型权力也叫影响力,如果权威来自人们对制度与过程的崇敬,那么影响力则来自人们对特殊类型的人的尊敬,这种人具有超凡的品质、个人魅力、启示力。对于政府管理策略而言,要在大学中树立"重点"与"一流"大学的典型,要选择有能力、有魄力的人担当大学的领导等;对于大学而言,大学的办学成果与影响力、大学中的大师级人物也会以其人格魅力影响政府的决策。强制性权力与功利性权力是显性的,可控制性、可操作性强;操纵性权力与人格型权力则含有隐性权力的内涵。显性权力与隐性权力交织在一起,构成了大学与政府的权力关系。下文还要结合大学的办学自主权论述这两种权力的特殊内涵,及这种关系是如何影响大学定位及其博弈的。

伯顿·克拉克将学术权力分为四种形式:学科的权力、院校权力、系统权力和权力的百搭牌(感召力)。学科的权力可以视为来自于大学组织本质的权力,如教授、行会、专业等;院校权力可以视为来自于大学内部管理制度的权力;系统权力可以视为来自于大学外部的权力,如政府、政治、学术权威(全系统内的)等;感召力可以视为来自于学者个人的影响力,或可以理解为学校作为一个整体的影响力。在政府与大学的关系中,如果学校的影响力足够特别和巨大,那就可以改变权力的力量对比与格局。在不同的国家,政府与大学的关系是不一样的,政府与大学的权力分配也比较复杂。伯顿·克拉克总结出三种学术权力结合模式:大陆型的、英国型的和美国型的。[①] 这些模式对于构建我国政府与大学的关系具有借鉴意义,尤其是大陆型模式中的中央集权国家之于大学的权力关系。

林荣日以政府、高校和社会为高等教育领域内的三大权力主体,分析了西方国家政府与高校权力博弈的四种模式:一是高校自治型模式;二是高校主导型模式;三是政府主导型模式;四是政府专制型模式。[②] 在这四种模式中,自高校自治型模式始,政府的权力呈扩大的趋势,至政府专制型模式结束;高校的权力则相反,由最大转至最小。如果把这四种模式看作是政府与高校权力转换的系统,不同的历史时期不同的国家管理方式,甚至同一国家的不同时期管理方式的变化,都会引起其政府与高校的权力博弈关系在这四种关系中来回转换。

(二)政府与大学定位博弈的机理:显性权力与隐性权力的互动

从上面的分析可知,大学与政府之间在定位问题上利益是核心,权力的争夺与转换是主线。越来越多的研究者注意到,大学与政府之间并不是简单的零和博弈。冯向东认为政府与高校之间的博弈有两个基本的特征:其一,政府与高校的博弈是"非零和"博弈,而不是那种一方得几分另一方必定失去几分的"零和"博弈;其二,博弈主体的非对等性,即政府与高校之间是主与从、一与多的博弈关系。[③] 另外,我们在关注政府与大学之间的力量消长时,更需要讨论两者之间的互动方式。即大学定位中两者的关系是动态的而不是静态的,是一种动态的实践过程而不是一种静态的结构。

高等学校的办学自主权问题一直是高等教育管理体制改革的核心问题。1979 年 12 月 6 日,复旦大学校长苏步青、同济大学校长李国豪、华东师范大学校长刘佛年和上海交通大学党委书记邓旭初等人,在《人民日报》上发表署名文章"给高等学校一点自主权",呼吁政府给高校一点办学自主权,促进高等教育的发展,提高人民的教育文

---

① [美]伯顿·克拉克.高等教育系统——学术组织的跨国研究[M].王承绪,等,译.杭州:杭州大学出版社,1994:137.

② 林荣日.中外政府与高校权力博弈模式比较研究[J].开放教育研究,2007(1).

③ 冯向东.高等教育结构博弈中的建构[J].高等教育研究,2005(5).

化水平。《人民日报》为此还加了编者按。政府显然意识到了这个问题，政府与高校的关系开始逐步改变。1985年，《中共中央关于教育体制改革的决定》明确指出“要扩大高等学校办学自主权”；1993年3月下发的《中国教育改革发展纲要》又一次明确指出：“深化高等教育改革……逐步建立政府宏观管理、学校面向社会自主办学的体制”；1999年1月1日《高等教育法》颁布，赋予高等院校7个办学自主权：自主调节系科招生比例，自主设置和调整学科、专业，在教学、科研开发和社会服务、国际交流与合作、机构设置与人事、财产管理等方面享有自主权。《高等教育法》为明确大学权利和义务，使之成为自主办学的法人实体奠定了法律基础。《国家中长期教育改革和发展规划纲要(2010～2020年)》明确要落实和扩大学校办学自主权：“高等学校按照国家法律法规和宏观政策，自主开展教学活动、科学研究、技术开发和社会服务，自主制定学校规划并组织实施，自主设置教学、科研、行政管理机构，自主确定内部收入分配，自主管理和使用人才，自主管理和使用学校财产和经费。扩大普通高中及中等职业学校在办学模式、育人方式、资源配置、人事管理、合作办学、服务社区等方面的自主权。”由此可见，高校办学自主权不断扩大的历程，是高校与政府利益关系不断博弈的过程。在大学定位问题上，政府的权力可以决定或改变大学的发展定位，尤其在我国更是如此。综合上述对于权力的理解及其对大学定位的应用，在此把政府与大学之间影响大学定位的权力关系分为显性权力与隐性权力。

所谓显性权力，是指国家通过宪法、法律及各种权威的文件、制度所规定的各种权力。例如大学的性质，我国《高等教育法》第三条规定：国家坚持以马克思列宁主义、毛泽东思想、邓小平理论为指导，遵循宪法确定的基本原则，发展社会主义的高等教育事业。第二十四条规定：设立高等学校，应当符合国家高等教育发展规划，符合国家利益和社会公共利益。再如大学的举办权，《高等教育法》第二十九条规定：设立实施本科及以上教育的高等学校，由国务院教育行政部门审批；设立实施专科教育的高等学校，由省、自治区、直辖市人民政府审批，报国务院教育行政部门备案；设立其他高等教育机构，由省、自治区、直辖市人民政府教育行政部门审批。审批设立高等学校和其他高等教育机构应当遵守国家有关规定。另外,大学的办学规模、办学层次等皆有明确规定,可以说政府之于大学的权力几乎涉及办学的各个方面。

显性权力的特点是:刚性的、绝对性的和有序的。这些用法律和规章建立起来的权力,将政府与大学的关系明确地确立起来,而且这些权力关系几乎是不可以博弈的。大学在发展定位的问题上遇到此类的权力几乎没有发言权。

与显性权力相对的是隐性权力。隐性权力来自于三个方面:一是由于政府的权力过大与过于集中造成的。差距过大,双方就没有竞争与博弈的可能。权力过大的一方,如政府,掌控着大量的行政资源,掌控着资源的分配权,在利益的驱动下,就容易提高(或变相提高)资源分配的门槛,从而造成权力寻租行为的发生。例如,当前科研经费来源较为单一,配置权力主要集中在少数行政部门手中,高校就会想方设法地与相关权力部门加强联系,甚至去走后门,就是人们常说的“跑部钱进”。二是由于法律法规的不完善所造成的。例如《高等教育法》中虽然规定了政府与大学的权利与义务,但却没有任何的对于不履行权利与义务的惩罚措施。这就给一些胆子比较大的高校以所谓的“踩红线”动作。踩了红线而受不到任何惩罚(或惩罚力度过小),在造成既成事实的情况下,就会倒逼上级主管部门来解决,从而给高校自身带来一些好处。这样的例子在我国是屡见不鲜的。例如高校贷款问题。很多学校不顾自身的办学实力,强行贷款,最后资不抵贷,但是不会破产。因为它们抓住了公立学校的所有经济行为政府必须要“埋单”的道理,最后事实证明也的确是政府拿出了巨额的资金来化贷。三是来自于大学自身以知识为核心的权力。大学所有的活动都是基于知识而展开的,而知识活动的本身具有规律性。这种规律性是任何行政的手段所不能代替的,也是大学学术自由、学校自治的最可以依赖的底线。伯顿·克拉克所述的学科权力——教授、行会、专业的权力就是一个基于知识发展的权力。知识的生产力与文化力是任何机构都代替不了的。知识组织的根本动力是国家难于遏制的。大学中的层次划分也是这样,掌握着最前沿学科知识的大学,总是能被划分到这个类型大学的最高层次。对于大学定位而言,大学为国家服务、为行业服务、为城市服务等仅仅是形式问题,并不是问题的根本,根本在于大学能否掌握最前沿的知识。如果大学站在知识领域的前沿,或者是说大学里的"大师"成为该学科最前沿的代表,大师多了,学术权威多了,学校感召力就大了。以行业院校的发展为例,几乎每一类行业院校都有一个公认的领军院校,这些学校的教授、专业等水平在行业内首屈一指。它们的成功首先是靠国家的政策,然后是院校的历史传承与自身发展。学校在同一行业院校中的感召力强了,就会影响着国家及行业的进一步扶持,这样就形成了一个良性循环。

相对于显性权力,政府与大学之间的隐性权力为政府与大学博弈关系的确立创造了条件。况且,高校发展定位是一项竞争性很强的学校发展决策活动,利益摩擦和资源争夺十分明显,而调适这些摩擦或冲突正是政府的重要职责。而这时,如果政府协调不好这些摩擦和冲突,则会给正常的高校定位活动带来负面的影响。只要政府不明确反对,只要法律没有明确禁止,大学会趋高地选择自身的定位,以获取最多的资源。政府与大学定位之间的关系如图 2-1 所示。

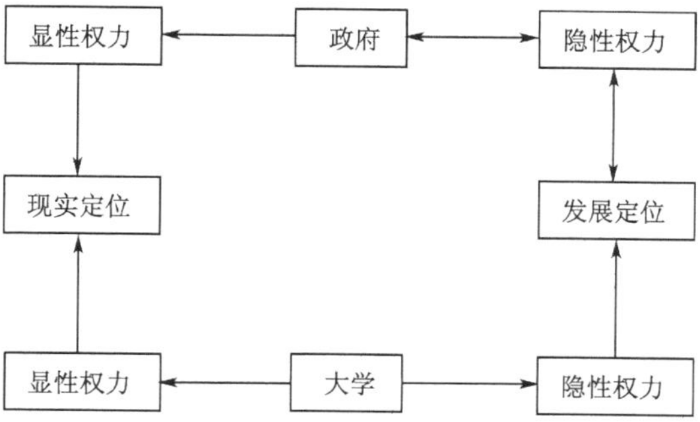

图 2-1 政府与大学定位的权力关系

从图 2-1 中可以看出,政府的显性权力规定和约束着大学的现实定位,即学校的性质、类型和层次等。显性权力在表面上看几乎是单向的,这是由于我们国家在大学管理上行政干预过多,同时大学的办学自主权仅被限制在一定的范围内而造成的。政府与大学之间的隐性权力决定着大学的发展定位。这是大学在现实定位的基础上,利用一切可以得到的资源和机会,在学校的发展目标上所做的进一步的价值诉求。大学的隐性权力是可以影响政府的,在博弈的结果下，促使政府做出改变，从而使部分隐性权力转化为显性权力，进而使大学的发展定位转化为现实定位。

（三）主动还是被动：体制改革下的利益预期

依据我国政府与大学的主从关系，以及长期以来政府对于大学的集权管理方式，可以将权力关系的双方划分为主动方（政府）和被动方（大学）。主动方：立即采取支配行动，或者进行决策，决定采取或不采取行动，并实施决策。被动方：知悉主动方的支配意图；进行决策，决定服从或反抗，并实施决策。对于主动方而言，主动方所能采取的支配措施，概括起来就是三种，即奖赏、惩罚和教化。对于被动方而言，要么服从，要么反抗。① 依据主动方与被动方的心理及采取的决策，它们之间的博弈主要有两种类型：被动博弈与主动博弈。两者的内涵及其博弈的过程如表 2-2 所示。

表 2-2　被动博弈与主动博弈的分析与比较

被动博弈	静态博弈	完全信息静态博弈
		不完全信息静态博弈
	动态博弈	完全信息动态博弈
		不完全信息动态博弈
主动博弈	观念博弈	促使对手改变利益估量
		促使对于改变成功预期
	信息博弈	操纵决策信息
		操纵得失预期信息

主动博弈的主要特点是，一方主动采取支配措施，而另一方则趁机主动扩权或主动接受措施。如大学办学自主权扩大的过程，一方面是政府主动放权的过程，另一方面也是大学趁机扩大权力的过程。被动博弈的主要特点是，一方强制收回某些权力，而另一方则往往会选择被迫放弃这一权力。所以，政府与大学主动博弈与被动博弈的差别在于是放权还是收权。被动博弈往往会产生零和博弈，而主动博弈则往往产生非零和博弈中的正和博弈。社会中的任何人及组织

① 马陆亭.高等学校的分层与管理[M].广州：广东教育出版社，2004.

都天生具有私利的本性,因此都有获取权力的欲望或冲动。同样,作为按照一定规则建立起来的政府与大学,其关系也是如此。但是获取权力是要有成本或代价的,如果可预期的代价可能还会超过所获得的利益,博弈的主体就一般不会主动地获取权力。如果两者的强弱分明,强势的一方主动地放权或收权时,弱势的一方一般也不敢轻易拒绝,可能会选择被迫接受。在大学定位问题上,权力的大小,政府对于大学的放权或收权,直接影响大学定位的利益期望。从历史上来看,高校被强行收回权力的可能性比较小,但不是没有,只是更多的时候政府愿意用改造或改革的词语而不是用"收回"这个词。例如,20 世纪 50 年代初的院系调整时期、1960～1965 年以及 1978 年前后,中央政府大规模收权,而地方政府及高校只能被迫放弃权力。在当前高校办学自主权扩大的情况下,中央政府也偶尔会有收权的举动。如,2006 年 5 月,教育部突然从高校收回教育学、医学和历史学等三个专业的硕士生入学考试专业课命题权,改为全国统一命题。总体看来,自 1985 年以来,我国的高等教育一直处于中央政府不断放权,地方政府及高校不断扩权的过程之中。高校的权力每扩充一次,其办学定位的期望值就会扩大一次。

四、顺应与博弈:以人才培养为中心的考察

许美德认为,中国大学的一个显著特点是具有高度的稳定性。这也和大学的国家定位有着密不可分的联系。① 因此,定位一词在我国高校界流行至今也有 15 年以上的时间了,但由于政府主导高校定位的状况基本上没有什么变化,所以绝大多数的高校都在按部就班地发展着。人们所诟病的大学在定位方面的趋同与趋高,都有一个共同的"趋"字,这就表明了这是我国大学的共性问题。而共性问题的产生,和行政指导的力量过强有关。因此,国内高等教育的办学层次与格局并没有因为高校重视定位问题而发生重大的变化,没有听说哪所学校因定位较好其办学层次得到了质的飞跃,中国的大学

---

① [加拿大]许美德. 中国大学 1895—1995:一个文化冲突的世纪[M]. 许洁英,译. 北京:教育科学出版社,2000.

在世界大学排行中的地位也基本上没有变化。

但是,随着计划经济向市场经济的转型,大学的发展像是压不住的野草,蓬勃地发展起来。大学的定位也开始被赋予了新的内涵,开始被作为一种战略,一种对策。冯向东认为:如果我们把高等教育结构比作一个棋盘上摆出的“势”,那么,高等学校就不再像计划经济年代那样只是政府摆到这个棋盘上的“棋子”,而且是成为与政府下棋的“对手”。[①] 从作为“对手”的角度出发,大学的定位决策通常是“理性”的。有学者认为,“上级批评说高等学校不安于定位,竞相升格是盲目的,其实不然,他们都是主动且理性的”。因为在当前管理制度体系和运行方式下,真正的理性定位是会失去机遇和资源的。而“跑点”、“跑项目”、“跑基地”等一系列为教育管理理论所不齿的行动却反而是十分有效又有利于学校发展的。因此,无论是学者要搞点研究,学科要布点发展,学校要扩大办学,都不得不做出“明智”的选择,即便这种所谓明智的选择与开会时的誓言和政策文件的理想相去甚远,亦义无反顾、在所不惜![②]

下面就以人才培养为例,分析大学在人才培养定位时与政府发生的博弈行为。之所以人才培养为中心进行考察,不仅是因为人才培养是大学功能的原点,而且人才培养方面的变革足以引起大学其他方面一系列的反应。

本研究中,有几个基本假设:

(1) 政府与大学都是具有公共性与私人性的双面实体,都是有限理性的“经济人”,政府与大学在博弈中都是理性的。

(2) 两者博弈过程中呈现出信息不对称的关系,是以政府为主导的主动博弈,任何一方的策略可能会对另一方产生影响,导致对方效用产生变化并使对方采取相应的行动。

(3) 两者的博弈过程是动态的、重复的博弈过程,权力是主要变量。

政府与大学具体的博弈过程如下:

---

① 冯向东.高等教育结构博弈中的建构[J].高等教育研究,2005(5).

② 董云川.在博弈中蹒跚的中国大学管理:概念、理论与行动[J].学园,2008(1).

(一)“扩也得扩”,“不扩也得扩”

两者的第一轮博弈是在高等教育大众化的背景下,政府制定了高等教育大众化的目标后进行的。政府的利益诉求:满足社会需求,并促使国家的高等教育由精英化教育向大众化教育转型,由高等教育小国提升为高等教育大国。政府的策略:按学生人数资助,鼓励高校扩大招生规模。高校的利益诉求:既满足社会需求,又获得了资助,做大规模,增强实力,拥有更多的办学资源。高校的策略:一是积极合作,二是消极合作。因为政府的政策是不扩招就不资助你,所以其适用于囚徒博弈模型。具体如表 2-3 所示。

表 2-3　政府与高校扩招的博弈模型

		高校	
政府		扩招	不扩招
	资助	3,2	−1,3
	不资助	1,−1	0,0

博弈分析:

(1) (0,0),政府不资助,高校不扩招。双方在原有的基础上踏步不动,都没有收益。

(2) (−1,3),政府资助,高校不扩招。政府因投入得不到相应的回报,收益为−1;而高校因没有投入,或投入较少却得到了较多的收益,得数为 3。

(3) (1,−1),政府不资助,高校扩招。如果没有政府每年的生均资助,扩招后学校的利益按照原有的生均投入比例计算,会有损失,故计为−1;而政府因为不资助而完成了大众化的目标,得到收益 1,由于可能会产生学生培养质量下降的风险,故从长远看得不到最高的收益。

(4) (3,2),政府资助,高校扩招。由于是政府对于高校是一对多的关系,高校的扩招使政府完成了大众化的目标,所以收益最大。高校扩招后既获得了资助,又扩大了办学规模,增强了办学的实力。但由于扩招后学校的投入也会加大,故收益为 2。

在政府资助经费充足的前提下,高校的最优策略是不扩招,因为它可以得到3；在政府不资助的情况下，高校的最优策略还是不扩招，虽然得数是0，但比一1要好。在高校有意愿扩招的前提下，政府的最优策略是资助，这样它可以得到3；在高校不想扩招的情况下，政府的最优策略是不资助。从上面可以看出，政府资助、高校扩招才是双方最想要的结果。

事实上，正是由于高校与政府都看到了这个最优的结果，所以几乎所有的学校都采取了扩招的路线，高等教育的规模在我国迅速地扩张开来。其中规模扩充很快的高校，我们认为它采取了一种与政府积极合作的态度。与之相应，规模扩充很小的高校可以认为是消极合作。消极合作也不是不合作，只是象征性的扩招。高等教育大众化政策实施的一开始就存在着这两种情况。经过分析，在博弈的初期，消极合作的学校很少，主要存在于国内一流大学的层次中，例如中国科学技术大学在扩招到每年本科招生1860人后就不再扩招，而南京大学、北京大学、清华大学近年来的招生人数也基本稳定在2500～2600人。既然扩招是有益的，为什么有的高校会消极合作呢？仅一种答案，那就是这些学校认为，扩招所带来的利益对于学校发展来说微不足道，甚至认为会影响学校的办学风格与长期利益。它们只是限于政府的要求才象征性地扩招一点点而已。

在这个为了完成高等教育大众化目标的博弈中，政府与高校的决策都有商榷之处。政府的失误在于政策过于整齐划一，将大众化的任务像撒沙子一样撒向所有的高校，不仅没有按学校的类型来划分资助的标准，而且还诱导人们这样一个观点：重点大学人才培养质量高应该多扩招，这样人才培养质量才能够保障。这是一种近乎饮鸩止渴的做法，短期内可能会有效果，但从长期来看一定会降低重点大学的人才培养质量。如果重点大学借势大规模扩招，高校之间的强弱格局就会非常明显，大学之间的人才培养目标就会趋于模糊化，趋于同质化。设想，如果将资助的标准多样化一些，不同类型的高校给予不同的扩招任务，且向教学型、应用型大学倾斜的话，效果肯定会有所不同。所以政府的政策在此阶段略显简单化了，它直接促使大学人才培养目标定位向趋同化方向发展。

高校在决策中也存在问题。部分学校对于自己的人才培养目标不明确，在精英与大众、学术与应用之间跟着感觉走，跟着政策走，自己并没有一个明确的理念,经常会变来变去。通过高校间的对比,我们发现这也是学校办学实力的差距所在。即,与政府的博弈要建立在高校自身的办学实力上,实力越强、隐性权力越大,博弈策略的选择就会越多。

经过连续几年的扩招后,大学与政府之间博弈的结果显现出来了,好的方面是我国的高等教育规模快速增长,高等教育大众化的目标顺利实现,高校的规模效益显现。但也暴露了出很多的问题,引起社会大众质疑最强烈的有两点:办学条件不足,大学生培养质量下降;毕业生人数快速增长,大学毕业生就业成难题。

(二)鱼与熊掌难以兼得

针对扩招中出现的问题,政府的职责是既要继续扩招,使高等教育大众化走向正轨,以便为高等教育普及化做准备,又要解决扩招中存在的毕业生就业率、大学生培养质量这两个关键问题。这两个问题似乎又是合一的,但是鱼与熊掌能否兼得呢?在有些人看来,似乎大学毕业生就业难的问题,更多的原因是大学生的素质不高,不能适应市场变化的需求。媒体上一度热炒大学毕业生回炉高职训练就业技能的问题。还有人认为,大学生“有业不就”现象也十分严重,需要加强大学生的就业素质教育。这样就把大学毕业生就业难的问题推给了学校,认为高校的人才培养目标定位有问题,需要高校在人才培养的过程中来解决。在这种思想的影响下,政府的策略是继续运用手中的权力,以奖罚为手段,给高校下达任务:一是就业率与专业设置相挂钩,与招生计划相挂钩,就业率不高的高校要亮黄牌甚至红牌,减少其招生计划,甚至取消相关专业的设置。这是从结果方面控制人才培养的质量。二是建立本科教学质量评估制度,从过程方面控制人才培养的质量。2004 年 8 月,教育部高等教育教学评估中心正式成立,并建立了五年一轮的评估制度。结论有优秀、良好、合格、不合格四种。政府的这两种策略可以看成是政府利用权力与大学进行主动博弈的过程。

高校分别采取了相应的策略,具体如下:

一是提高学生的“就业能力”。高校普遍进行了人才培养模式的改革,在人才培养目标上“宽基础、强能力”等类似的词语泛滥,在人才培养的过程中增加实践环节,注重培养学生的应用能力。在就业率的指挥棒下,绝大多数本科院校的人才培养定位实际上是应用型、职业型的人才培养。从这一点上来说，政府的策略虽然取得了一定成果，但第一轮博弈的基础进一步造成了高校人才培养目标定位的趋同化、模糊化。

二是提高人才培养的层次，增加学生就业的机会。在全社会盲目崇拜学历教育的情况下，在分级的劳动力就业市场面前，研究生比本科生容易就业，本科生比专科生容易就业，一本院校的学生比二本院校的学生容易就业，几乎是铁的事实。这也是造成学校定位趋高的原因之一。专科学校想升本科，二本院校想方设法使学校的部分专业按一本招生，一本院校则减少本科生招生数量，扩大研究生招生数量，造成了学校发展定位的趋高现象。这对于大学毕业生就业难的问题是否有帮助呢？从某一所学校来看可能会有，但从整体上来看基本上无助于问题的解决。而且研究生数量过多也会涉及研究生就业难的问题，尤其是文科的研究生更容易出现高不成低不就的现象。

三是投机行为。在前两种策略仍然没有办法满足政府对于就业率要求的情况下，高校就会采取投机行为应对。典型做法有两种：一是成立专门的机构（如很多高校成立“招生与就业处”）负责学生就业，给工作人员以压力，将就业这个本不属于学校的工作包揽过来，走出去，请进来，密切与用人单位的合作，提高学生就业率。二是虚假就业率。学校直接把压力转嫁给学生个体，通常会以学生不拿到一份就业协议就不发毕业证书等相威胁。投机是有风险的，媒体上对于虚假就业率的事件也多有报道。我们既反对这种行为，又认可这是重压下的高校无奈之举。

在以上这三种策略的作用下，高校的就业率可谓是“一片喜人”。不论国家定的目标是多少数字，高校似乎都能够完成。但是问题解决了吗？很明显并没有达到理想的效果。

政府的本科教学评估行为同样面临尴尬。绝大多数高校重视本科教学质量评估，除了达到“以评促改、以评促建、评建结合”，切实提高本科教学质量的目的外，还因为如果不合格就会关乎学校的生存问题。在合格的基础上高校还要争取得到优秀评价，因为关乎学校的办学声誉。只有少数的学校不重视本科教学质量评估，并不是因为它们想和教育部的政策相对抗，而是因为它们对于自己的办学实力与本科教学质量有相当大的自信。这样的学校较少，基本上是在第一轮的扩招博弈中与政府消极合作的高校。从理论上讲,本科教学质量评估是可以达到促进高校提高教学质量的目的的。但是由于评估权力集中于校外专家的手里,就不可避免会使高校采取评估材料的弄虚作假、贿赂专家等投机行为。高校在评估中的种种造假行为与面子工程,被媒体曝光后大大影响了高校的形象。

可以看出在第二轮的博弈中,政府加强了权力的监管力度,而不是放权。高校与政府的博弈如同第一轮博弈,在形式基本上是一样的。政府的策略总的来说还是两种:资助、不资助。高校的策略是合作并使其达标、不合作不达标。其博弈的均衡仍然是"政府不资助,高校不达标",其最优策略是政府资助且高校又达标。

高校的投机行为似乎是不可避免的,这也是高校与高校之间博弈的结果。因为如果你不投机别的高校投机,你的收益就会降低。这如同一个典型的囚徒博弈模型,如表 2-4 所示。可以看出,它的最优是两者都采取投机行为。

表 2-4　　高校之间在评估中的博弈

		高校 A	
		投机	不投机
高校 B	投机	1,1	2,−1
	不投机	−1,2	0,0

所以,从实际博弈的结果来看,就业率的数字提升了,但大学生就业难的问题依然得不到解决;本科教学评估顺利过关,但本科教学质量仍然不容乐观。而且大学人才培养目标定位的趋同与盲目趋高现象更加严重。另外,在就业率与教学评估中出现的高校投机行为与弄虚作假行为大大折损了高校在社会公众面前的良好声誉。这些都是在后面的博弈中需要考虑的问题。但是,如果政府仍然用加强权力进行管制的情况不变化,其结果将会和前面的博弈结果大同小异,而且可能会出现新的问题。因此,权力变量是影响到高校与政府之间博弈解的主要变量。政府的权力干涉越大,高校的定位越是朝着趋同、趋高的方向发展。

(三) 考验政府的智慧

从上述博弈过程来看,政府的权力不可谓不集中,措施不可谓不严厉,但是由于是一对多的博弈,不可避免地会有高校投机行为的产生,也就有了"上有政策,下有对策"的博弈行为。有学者由此对大学产生了悲观的情绪:"大学内在的价值理性在窘迫中早已遗失……在艰难的选择面前,大学何为? 是把自身定位为一所思想独立的大学还是一个官僚机构? 如果想成为思想高地,又担心来自经济方面的隐忧;如果把大学完全定位为一个准政府机构,又与公众早已接受与认同的大学理念相矛盾。在这种两难困境面前,大学别无选择,只能首鼠两端,见风使舵,或者干脆以牺牲思想独立性为代价,在市场机制的操作空间内向权力投降,退化为精神的侏儒,完全按照官僚机构的模式构建与运作。"①

从政治论的角度分析,我国是一个集权文化传统深厚的国家,大学又日益成为社会的"轴心机构",政府不可能放弃对大学的控制。加之政府又是大学的主要投资者,大学的举办和发展主要依赖于政府的财政支持。② 我国的大学长期以来是以"单位"存在的,是单位就要有上级,单位的行为就要有人管。在这种环境与思维下,怎么控制大学,是考验一个政府智慧的事情。新古典主义经济学家米尔顿·弗里德曼就政府在教育方面的作用曾表达过一种很有影响的观点:以往政府对教育进行干预往往出于两个理由,一是考虑到教育的"邻近影响",即外部性影响,二是出于家长主义的关怀;但是在市场化条件下,政府只应该对学校办学活动进行有限的干预。③ 尽管弗里德曼所指的"干预"主要是指补贴,但是他的理论逻辑却暗示了政府在教育领域里履行管理职能的权力应当是有限的。从认识论的角度分析,大学又必须自主,失去了自主,大学就易失去其发展知识与学术自由的精神。所以,权力的博弈在大学与政府之间将会是长期存在的。

---

① 李侠.谈被利益扭曲与透支理想的大学:太理性了![EB/OL]. http://www.edu.cn/zhuan_jia_ping_shu_1113/20080201/t20080201_279022.shtml.

② 蒋洪池,林国治,李绍芳.从政府控制走向政府监督——中国大学与政府关系的祈求[J].北京理工大学学报(社会科学版),2005(3).

③ [美]米尔顿·弗里德曼.资本主义与自由[M].北京:商务印书馆,1999.

当然,政府可以采用相同的策略选择再一次重复博弈,将高校的上述投机行为降到最低,但是不能保证没有新的投机行为的出现。因此,在新一轮的博弈过程中,政府显然应从权力变量的改变出发重新制定新的策略。

另外,随着时间的推移,我国高等教育环境也发生了变化,也就是说大学与政府之间定位博弈的条件发生了变化。从人才培养及高校办学规模的角度,适龄人口接受高等教育的数量在减少。根据相关机构的预测数据,2000～2030 年中国 15～24 岁年龄组占总人口的比例会持续下降,其中 2010～2020 年中国 18～20 岁人口将减少 4000 万人。这使影响政府与大学之间博弈的变量又增加了一个。由于我国的高校绝大多数是公办高校,政府显然不会看着哪一所高校因为招不到学生而倒闭。所以,前期扩招幅度很大的高校可能会得不到足够的生源计划,该学校将会面临着重新定位与转型的问题。

本科教学质量评估方面,多次重复博弈后,大学采取投机行为会更加轻车熟路,采取消极对待评估的高校会增多,政府的这项工作会遇到信任危机而失去了继续开展下去的意义。

正如我们判断的一样,政府采取了逐步放权的策略。招生方面,政府扩大了高校的招生自主权。政府的愿望是:在缓解就业问题的同时,扩大高校的招生自主权,让高校可以按照自己的办学理念去选拔人、培养人,这样高校人才培养的目标与类型才会多样化。但是当前自主招生的院校少得可怜,2010 年还不到全部本科院校的 1%,政府同时又规定了一所学校内自主招生的人数不超过 5%。这个数量显然是很小的。在就业率的问题上,政府虽然意识到了不能将板子全部打在高校身上,但是由于政策的惯性,在短期内仍然不会将就业率与高校的考核脱钩。既然不能就业,那就去创业吧！于是政府的一个主要策略就是鼓励大学生创业,鼓励高校开展创业教育。政府为大学生创业提供了种种政策,在大学的周围建设了许多大学生创办小企业的大学科技园。各高校也纷纷开展创业教育,开设创业课程,实施创业指导。共青团、科协、教育部等组织了全国范围内的"挑战杯"创业大赛。但是,创业其实就是一个更高层次的就业,让大学生在校期间或一毕业就创业是何其艰难！至今为止,成功的例子仍乏善可陈。绝大多数的大学生还是要直接到市场中寻找就业的机会。就业结构的改善与就业环境的营造是政府为高校减压的手段之一。但这是一个社会问题，需要很长的时间且充满着不稳定性。所以，对于大学而言，就业率问题仍然是一个长期头痛的事，面临着来自政府与自身办学的内外部压力，在博弈的过程中依然会采取投机行为。可见，“囚徒博弈”无法使政府与大学之间达到双赢的目的。

博弈论中另外一个著名的博弈模型“智猪博弈”会带给我们一些启示：

两头猪关在一个猪圈里，一头大猪，一头小猪，猪圈里有一个按钮，按一下就有 10 个单位食物进入猪食槽，但按按钮需要付出 2 个单位成本，其模型如表 2-5 所示。稍作分析，我们可以发现，当小猪踩动踏板时，大猪会在小猪跑到食槽之前吃光所有的食物；若大猪踩动踏板，则还有机会在小猪吃完食物之前争吃一点残羹。所以，小猪为了吃到食物，只能在食槽边等待，而大猪显然不能也选择等待，否则两个都会饿死。所以最终的博弈结局是：小猪将舒舒服服地等在食槽边，而大猪则奔忙于踏板和食槽之间。

表 2-5　　智猪博弈模型

		小猪	
		按	不按
大猪	按	4,2	4,4
	不按	9,−1	0,0

“智猪博弈”是一个解释在博弈双方力量不对等的情况下，如何才能达到双赢的博弈。大猪的“正”理性行为尤为重要。小猪是没有资本大公无私的，因为它会因此而饿死；如果大猪同样也是自私的，那么结果是两猪都将无法生存。所以，在“智猪博弈”模型中，只有大猪大公无私，才能换来双方的“共赢”。在政府与大学的博弈中，政府具有权力和资源上的优势，是博弈双方中的强者。只有政府主动充当“大猪”的角色，心甘情愿地去“踩踏板”为大学服务，才能最终促成政府与大学之间的“双赢”。以“智猪博弈”模型为策略重塑政府与大学的关系，需要政府摆脱“管制”大学的思维惯性，不断地下放权力，实现政府由“管制型”向“服务型”的治理转型。

第三章　社会评价:风向标中的大学定位

“威斯康星”理念帮助大学走出了象牙塔,大学开始直接为社会服务。至今,大学在经济社会中的地位越来越重要。潘懋元认为,“知识经济时代大学走进经济社会中心是必然的”,“21 世纪中国发展知识经济,必然依靠大学的力量”,因此要“积极创造条件,充分发挥大学的中心作用”。[①] 张振助认为,从国际的视角,大学是区域经济、科技、社会发展的发动机,是落后地区实现跨越式发展的关键。[②] 另外,随着大学社会地位的增强,大学面临的社会事务也越来越复杂,影响大学办学的利益相关者也越来越多。某种意义上,就等于打开了潘多拉盒子,大学再也回不到纯粹的象牙塔里去了。这是把双刃剑,大学在促进社会经济发展的同时,也慢慢地被社会所同化。大学自身的贵族品质在逐渐消退,而社会对大学的要求却越来越多,越来越苛刻。有一种错误的观点是,大学是万能的,凡是社会上所需要的,大学都要去做,既要做文化的领袖、经济的发动机,又要做人才库。社会上需要什么专业人才就要求高校来培养,高校培养的人才“不对路”就会责备高校。很显然,大学不能做所有的事。大学中心论是一个辩证的话题,大学万能论则是一个伪命题。面对社会的定位,大学是要融入其中,还是要独善其身,还是保持适度的距离与张力呢? 由前面我们对社会主体的界定可知,本章在探讨社会对大学进行定位的本质后,将会把精力转移到大众媒体对于大学排名上。虽然目前各类排名的科学性常受到人

---

① 潘懋元,刘振天.发挥大学中心作用,促进知识经济发展[J].教育发展研究,1999(6).

② 张振助.高等教育与区域互动发展研究——中国的实证分析及策略选择[EB/OL].http://202.121.15.143:81/document/2003-9/gj030910.htm.

们的质疑，但我们不能否定它的存在，而且排名的好坏的确会影响大学的办学定位。另外，大学在面对社会媒体排名定位的种种行为选择也是我们考察的重点。

一、“社会的大学”与“大学的社会”

社会是人类生活的共同体。大学是社会发展到一定阶段的产物，大学从来就没有一天脱离过社会，无论其深居象牙塔，还是由社会的边缘逐渐走向社会中心的过程中。

本书所涉及的社会不是抽象的社会，而是一个与大学办学定位相密切联系的具体的区域社会。大学是具有区域性的。任何一所大学都是坐落在一定区域内的，区域的经济与文化给大学的发展带来影响，使得大学都会多多少少地带有区域的色彩与特性，即大学的区域秉性。这种秉性体现在大学中的人和物上。例如，美国的大学深受其本土实用主义哲学的影响，其学风与教风相对自由民主，创新程度高；而德国的大学则呈现出其民族的严谨性，英国的大学以绅士式学风闻名，等等。

大学之初其区域性并不明显，这是和其普世性特征相关的。大学的入世最初也不是主动的，而是国家和宗教斗争的结果。最初宗教占了上风，大学开始为宗教服务，成为研究经院哲学的主要场所；国家最终战胜了宗教，大学又开始为国家服务。尤其是工业革命之后，在新兴产业阶级的需求下，在科学主义与工具理性的支配下，一批新兴的、服务于经济社会的大学出现并迅速成长。现代大学与现代大学制度也由此形成。以美国的大学为例，克拉克·克尔认为，超越所有其他力量的两种影响塑造了现代美国的大学系统并使之与众不同。这两种影响都来自于大学以外，都是回应国家需要而出现的。第一个是赠地运动，它使得“大学校园成为美国人去得最多的地点之一——几乎每个州每个角落的农人、商人、政客、学生去得最多的一个十字路口。修道院和象牙塔由于向所有合格的来客打开大门而破除了”。第二个是开始于第二次世界大战期间联邦对科学研究的资助,“一些重点大学都前所未有地被征募到国防和科技发展方面”。[1]可见,大学发展到今天,区域的需求对其产生了巨大的影响。

对于一所大学而言,区域社会的概念有大有小,这取决于学校的办学实力。用区域经济学的术语,这取决于学校的辐射力。学校的办学实力越强,其辐射力就越大,反之亦然。辐射力的范围就是大学的腹地,也就是一所大学在区域社会中的边界。世界一流水平的大学,其区域社会的边界是整个世界;而社区学院的边界可能也就是一个社区。但是,由于大学本身具有的知识属性及自身的开放性,大学的边界又是一个比较模糊的边界,一个相对开放的边界。每一所大学通过努力扩展自己的边界,即大学的发展过程也就是其区域社会边界拓展的过程。由此可知,大学是“社会的大学”,而“大学的社会”,就是指大学的社会服务边界。大学定位中一个重要的内容就是要确定自己的社会服务边界。

区域社会对于大学有着百般的定位,是经济上的发动机,是文化上的旗手,是“都市名片”,等等。至于政治上,因国情不一,不能一概而论,用国家精英的发源地,则相对客观些。在社会的大漩涡里,大学已经被异化了。[2] 然而大学毕竟是大学,大学虽然对于社会有种种依附关系,但绝不等同于社会,是一个具有鲜明特征的社会学术组织。大学的本质及大学的学术中的人——知识分子的特征决定了大学的冷静立场。例如,在“文化大革命”中尽管高等学校的广大干部、教师受到了政治上、精神上、生活上的迫害,但是,强烈的事业心和历史责任感使他们不仅没有因此而沉沦下去,反而逐渐从“文化大革命”中清醒过来,并努力在逆境中继续为高等教育事业尽自己的力量。大批的高校老师顶着已经和随时可能扣过来的“反动学术研究权威”、“资产阶级知识分子”、“知识私有”、“白专典型”等的帽子,在极其艰难的情况下仍然坚持业务学习、科研攻关。也就是说,社会的需求与大学的需求并不是万般贴合的,而是有差异的。这种差异决定了大学在社会中独立的品格。综上所述,我们在研究大学定位时,

---

① [美]克拉克·克尔.大学之用[M].高铦,高戈,汐汐,译.北京:北京大学出版社,2008:27-28.

② 张阳.分层抑或分类——大学定位的研究与实践[J].煤炭高等教育,2010(6).

首先要研究社会主体对于大学如何定位的，然后才能剖析大学是如何在种种利益关系中既取所需又孑然而立的。

二、社会对大学进行定位的方式

社会对于大学定位有两种方式，一种是整个社会对于大学的期望定位，这种期望既有经济上的需求，也有文化与价值方面的诉求，还有期望大学成为影响社会各层次间流动通道的要求。另一种是专业的定位，是以专业的评价手段，以政府与大学之外的身份，依托大众媒体，对大学进行的专门化评价，以达到监督大学办学的目的。

（一）需求与诉求的定位：经济与文化中的大学

1. 经济的需求——发电机与发动机

当前社会对于大学的需求比任何一个时代都要强烈，大学的地位也因此显得越来越重要。这既是由于大学自身的发展所致，也是由于我们所处的这个时代所致。信息化时代与知识经济社会的到来，给大学带来了前所未有的机遇，大学的活动比以往更加充满生机与活力。知识经济概言之是以知识为基础的经济，是与农业经济、工业经济相对应的一个概念，是一种新型的富有生命力的经济形态；创新是知识经济发展的动力，教育、文化和研究开发是知识经济的先导产业，教育和研究开发是知识经济时代最主要的部门，知识和高素质的人力资源是最为重要的资源。在知识经济时代里，谁掌握了知识信息的创造、加工、传播和应用，谁就等于拿到了通向新世纪彼岸的通行证，反之则可能被历史无情地抛弃。[①] 1991 年，美国加利福尼亚大学教授卡斯特斯在一次世界高等教育发展的国际会议上对高等教育在现代化发展中的作用进行了系统详尽的论证。卡斯特斯把大学称为信息时代经济发展的动力源之一。他指出，如果说知识信息是新的世界信息经济中的电流，那么大学就是产生这种电流的“发电机”之一。正是在这个意义上，他把大学称为“engine of development”。[②] 北京大学原校长陈佳洱教授在北京大学百年校庆上说：

---

① 魏新.知识经济与高等教育改革[J].中国高等教育，1999(5).

② 闵维方.21 世纪的信息经济与大学的作用[J].教育与经济，1995(3).

“大学自古以来就是人类智慧和知识产生、汇集和向外界辐射和散播的场所。随着‘知识’和‘人才’成为社会经济发展的主要动力，被广泛地誉为高素质人才的‘摇篮’和知识创新的‘发动机’的大学，无疑将在新世纪的社会发挥空前重要的作用，从昔日处于社会的边缘走向社会的内核，成为人们注目的中心之一。”①

卡斯特斯把大学比作发电机，而我国的学者却将此理解为发动机。发电机与发动机虽然一字之差，但却有着不同的意义。发电机输出电流，是指大学将知识转化为可供社会生产所需的技术。至于技术为谁用、怎么用，是社会的事，而不是大学的事，这样大学便会和社会保持着一定的张力。发动机则参与了整个机体的运作，且是机体运作的核心。大学社会中心论由此而来。显然，这是一个不太客观的描述。

在大学社会中心论的概念下，大学被作为工具，也就容易被社会所利用。因此，发动机理论或者大学社会中心论背后是大学的工具论在作祟。

2. 文化的诉求——旗手与名片

近年来，国内学者对于大学功能的研究往往选择以“大学的第四功能”为突破口。如，有的学者将“文化交往”作为大学的第四功能，认为“‘全球化’下的文化认同困惑着多元文化共处下的世界，‘交往’是当今时代精神的要求。大学有何可为？大学的特殊性正应该无可替代地承担起这一最为重要、也是大学最具魅力的方面所在”②；有的学者将“引领文化”作为大学的第四功能，认为“大学是最高教育机构，也是文化发展的中心……大学引领文化的功能体现在继承并发扬优秀的传统文化、借鉴并传播先进的外来文化、创造并培育引领时代的新型文化”③；有的学者提出要拓展大学的批判性功能、创新性功能、素质性功能等④；有的学者则直接提出“大学的第四

① 马万华. 迎接大学“灿烂的明天”——北京大学百年校庆“大学校长论坛”综述[J]. 高等教育研究，1998(4).

② 章仁彪. 走出“象牙塔”之后：大学的功能与责任[J]. 复旦教育论坛，2005(3).

③ 赵沁平. 发挥大学第四功能作用，引领社会创新文化发展[J]. 中国高等教育，2006(15/16).

④ 张西方. 大学功能拓展及其释放机制建立[J]. 中国高等教育，2007(15/16).

功能——文化功能”①,等等。

涂又光认为,大学应该定位在文化系统内。“实际上,行动上,在阶级斗争为纲的年月,大学定位在政治之中;在社会主义市场经济新时期,有些人转而将大学定位于经济之中;只有很少数教育家相机坚持大学定位于文化之中,英勇灵活,且战且走,艰难前进。”②

美国学者克利福德·格尔茨认为,文化系统为“一种透过象征符号在历史上代代相传的意义模式,一种将传承的观念表达于象征性形式的系统;通过它们人与人相互沟通、绵延传续,并发展出他们对生命的知识和对生命的态度”③。这个定义的意义在于认为文化系统不是社会文化系统而是与社会系统相独立的、相平行的文化系统。这样的文化系统的概念更有利于将文化作为一个整体来分析。如果将文化系统仅仅看成是社会系统的一个子系统,那么在文化研究中就很有可能把文化当作是社会的结果,贬低了文化作为一个系统的独立性、完整性,忽略了文化自身的特征。更为重要的是,如果把文化仅仅看成是社会系统的一个子系统,一个从属于社会的体系,那么人们将无法令人信服地解释,那种人类历史上曾经无数次出现的文化的巨大的生命力,以及伴随文化的神奇生命力量出现的,具有井喷般壮观的文化繁荣的景观。因而也无法解释和研究,文化作为一个独立而完整的系统是如何与社会系统发生互动的,又是如何促进和推动社会变革的。④

中国高等教育学会原会长周远清在题为“在更高水平上推进文化素质教育”的讲话中,把提高高等学校的文化品格作为中国高等教育趋向成熟的一个重要方面,讲话引用季羡林先生提出的大学要有“校格”的观点,加以佐证。大学应具有高尚的文化定位:大学文化品格的定位(确立)应满足大学文化精神定位、文化功能定位、文化方向定位和文化现实定位等四个方面的系统要求。第一,拓展大学的文化研究功能,重振大学的人文精神。第二,发挥任何大学都应具有的

---

① 陈利平.论大学的第四功能与大学制度文化建设[J].文化学刊,2007(4).

② 涂又光.文明本土化与大学[J].中国哲学史,1999(2).

③ 夏建中.文化人类学理论学派[M].北京:中国人民大学出版社,1997:341.

④ 曾小华.论简单与复杂的文化系统[J].中共浙江省委党校学报,2004(4).

文化传承理念的作用,这是大学文化在普遍意义上的功能定位。第三,大学必须承担社会先进文化践行者和引导者的使命,这是大学的文化方向定位。第四,利用文化重组的契机,使大学成为21世纪新文化的创建者,这是大学文化的历史定位。①

但是,由于历史上的种种原因和现实的社会需求,我国大学曾在较长一个时期内成为政治附庸,由学术组织几乎完全演变为行政组织;而改革开放以来,在市场利益的驱动下,大学又从学术组织向经济组织靠拢。在大学唯独没有定位于文化领域、成为自己的条件下,大学一直作为一个附属物在两对矛盾的冲突中徘徊:一是大学的独立性与依附性的矛盾,其实际是官本位和学术本位的矛盾;二是大学的学术性与功利性的矛盾。②

3. 流动的通道——精英会所与加油站

在计划经济与大学的精英时代,我国的大学长期由政府主导,社会对于大学的评价与定位多是与政府的定位相关。如政府说哪所大学是重点大学,哪所大学就会获得重点大学的待遇;人们也会认可这所大学。不过,在精英时代,大学的门槛很高,能考上大学的人是少数,对于多数人来讲,大学是可望而不可即的。而一旦考入大学,就会一脚踏进上层社会的门槛,对于出身农村或城市工人阶层的人来说,用鲤鱼跳龙门之说并不为过。对于很多人来讲,能考一个中专院校往往也就意味着考上了大学。因此,这时的大学由于是稀缺品,虽有国家对此的分层,但对于广大的社会大众来讲,不同的大学差别并不明显。也就是说,当时人们对于大学的定位还没有上升到一个特别区分的境界。随着市场经济与高等教育大众化时代的到来,人们开始考虑上什么样的大学以及选择什么样的专业。大学的综合排名及专业排名从来没有像现在这样被国内的学生和家长所关注。也就是说,在大众化背景下,已经从"大学挑学生"逐渐转变到"学生挑大学"的时代。目前我国的大学人才培养质量成为人们选择学校的标准。受传统的大学观念的影响以及思维的惯性,人们仍然会传统地把国内的重点大学视为人才培养质量最高的地方。重点大学的毕业

① 王宇.中西方大众文化背景下的大学文化定位[J].辽宁教育研究,2003(1).

② 宋旭红.大学定位及其解读[J].辽宁教育研究,2005(9).

生在就业市场也较一般大学的学生受欢迎。例如北大、清华等仍然是人们趋之若鹜的神圣殿堂。虽然当前一些大学的人才培养质量已经下滑,或已经变化很大,但是由于人才培养质量显现的滞后性,人们对学校的办学情况实际上不了解,还会按照惯性选择这些大学。而且随着高等教育大众化时代的到来,这些高校的招生仍然很火爆,学生的入学竞争力不减反增。

有几个变化需要引起注意:一是香港、澳门地区学校来内地招生,使得我国传统优势高校面临着前所未有的压力。这对我国高校人才培养的方式提出了警示。二是学生到国外去上大学。以前人们去国外留学往往是在研究生层次及工作后的培训,而现在则是直接参加国外的高考,去国外上大学。还有些学生直接去国外读高中。这也是老百姓对国内大学人才培养质量不高、培养模式僵化的"用脚投票"。三是有特色的高职院校受到人们的青睐,有些学生甚至重回高职院校学习一技之长,也称回炉。四是考生由过去的以选学校为主到现在的以选专业为主。同一学校内不同专业的录取分数线往往会相差很大,有的以一本线招生,有的以二本线招生。而在以往这几乎是不可能的。学生往往会选择专业排名靠前的学校,如一些专业性较强或者行业垄断性较强的学校,由于同类学校少而且人才培养质量较高,受到了考生的青睐。如南京审计大学、南京邮电大学、外交学院等,其综合排名都不在前列,但其主干专业的招生每年都超越一本线以上很多分,甚至不逊于国内一流的综合性大学。今后大学取消按批次招生后这种现象会更加明显。

面对社会的要求,高校一定要用自身的优势学科与特色来吸引考生,而不是用所谓的热门专业来吸引学生。以会计学、计算机等专业为例,先是作为热门专业学生趋之若鹜,最后由于培养数量饱和学生就业困难。学校大规模扩张的结果,往往是以扩张一些热门专业为主,一旦这些热门专业不再热了,师资剩余,特色不再,也耽误了其他专业的发展。另外,精英与大众的区别不仅是人数多少的区别,而主要是培养观念上的区别。对于研究型大学,如果采用大众化的人才培养方式,将会使研究不再,精英不再,而且一旦在社会大众中形成定势的话,其后果将是深远的。

(二)评价与监督的定位

随着高校与社会的联系越来越密切,除政府外,高校的利益相关者越来越多,社会对于大学的评价已经不仅限于诉求与期望,而是实施了专业评价的方式,对大学的办学行为与水平进行评价,以达到监督大学办学并满足自身利益需求的目的。在世界范围内,大学的评价目前呈现出多元化的态势。

自中世纪以来,大学的评价经历了三个阶段,具体如表 3-1 所示。①

表 3-1　西方国家大学评价的演变

阶段	时间	评价主体		评价目的
第一阶段	中世纪大学	国王或教会		获得特许状
第二阶段	近代大学至 20 世纪 80 年代	欧洲	政府	提高办学效益
		美洲	大学自治组织	资格认定、教学改革
第三阶段	20 世纪 80 年代至今	企业、传媒		为社会大众提供服务
		具有政府色彩的“第三者”		为政府资助提供支撑
		大学组织		促进大学改革

可以看出,20 世纪 80 年代至今,西方国家大学的评价主体更加多元,传媒对于大学评价与定位的作用越来越明显。多元化的需求导致了多元化的评价。换句话,某一主体、某一内容的评价不可能满足多样化的需求。因此评价的内容要有强烈的价值驱向性与利益导向性,否则就不是一个好的评价。多元化的评价对于大学而言亦有益处,可以避免大学在单一评价体系的影响下失去办学的自主性,从而使大学适度地超然于各评价主体之外,保持办学的自主与自治。

传媒对于大学的定位主要是通过排名来进行的。大学评价活动可追溯到 1981 年鲍勃·莫尔斯在《美国新闻与世界报道》开展的大学排行。② 大学排名在 30 多年的时间里,就已经成为一种全球现

① 李守福. 论大学评价的价值取向[J]. 比较教育,2005(12).

② Usher A, Savino M. A world of difference: A global survey of university league tables[R]. Education Policy Institute: Canadian Education Report Series, 2006.

象，几乎所有高等教育规模较大的国家都有大学排名存在。目前，大学排名已经发展为由多个机构参与、服务于多个目的的多个排名体系共存的局面。英国的《泰晤士报：高等教育副刊》、日本的《钻石周刊》、加拿大的《麦克林》杂志、德国的《明镜周刊》等每年都发布本国（地区）的大学排行榜。《美国新闻与世界报道》排行榜以学术质量为核心，评价指标包括学术声誉等18项，在美国国内及世界各地有着广泛影响。在国际上大学排行的影响下，我国的大学排行也快速地发展起来。1987～2007年，国内共有20个左右的机构发布近400个有关中国大学的排名。① 其中包括大学综合排名近30个，单项论文排名140余个，其余是特色单项指标排名。② 在这近400个有关中国大学的大学排行榜中，相对独立于政府与高校之外且目前认可度较高的排行榜主要有武书连的《中国大学评价》、网大公司(netbig)的《中国大学排行榜》、中国校友会网(cuaa. net)的《中国大学排行榜》。

在这三个大学排行榜中，武书连的《中国大学评价》无疑是起步最早及影响力最大的一个。1991年该课题组成立，1993年发表第一个关于中国大学排名的成果：《中国大学评价1991·研究与发展》。该评价是国内首次包括理、工、农、医、哲学、人文科学、社会科学活动在内的中国大学研究与发展综合评价。此后，每年该课题组都有固定的成果发表在《科学学与科学技术管理》杂志上。国内一些大型的门户网站如搜狐、新浪等纷纷转载其研究成果。新浪网这样介绍：

武书连是我国大学评价和排名领域知名专家，《中国大学评价》课题组组长，中国管理科学研究院科学研究所研究员；其在核心期刊发表的有关大学评价的论文数量居国内同行第一名，其有关大学评价的论文被引用次数居国内同行第一名，其研究成果被其他学者在学术期刊专题评论的次数居国内同行第一名。武书连也是国内第一个将中国大学排名的历史和现状系统整理出来介绍给公众的

---

① 华科. 中国的大学是衙门也是赌场[EB/OL]. http://edu.163.com/10/1025/16/6JRSPI4P00293KTO.html.

② 徐振鲁，李艳，张玉安，能昌华. 国内大学评价指标体系的比较[J]. 河南社会科学，2009(2).

专家。①

网大(netbig. com)是一个为教育消费提供服务的公司。1999年,网大在深圳发布中国大学排行榜。站在消费者的角度,不依托于任何官方机构,纯民间立场,是网大排行榜这些年来一直标榜的定位。网大公司这样介绍自己的大学排行榜:

自1999年开始,网大公司从消费者角度出发,独立研发并推出非营利项目“中国大学排行榜”,向海内外传递基于客观数据和严谨调查的中国各大学综合排名,以及学术能力、投入产出状况、学生质量、声誉状况等经过归纳和演算的资讯。至2010年,网大通过互联网及报刊、书籍、广播电视等有广泛影响力的公开媒体,推出了11个年度的“中国大学排行榜”。目前,该榜成为考生填报志愿报考大学、海内外企业寻找教育捐助目标以及大学本身自我发展的首选参照,被誉为“最具公信力的大学排行榜”。2001年,网大公司被《亚洲周刊》作为其大学评估中国部分的唯一委托人。②

中国校友会网大学评价课题组这样介绍自己:

中国校友会网(cuaa. net)是我国唯一为校友会组织提供网络服务的专业网站。自2003年起,中国校友会网联合21世纪人才报、《大学》杂志等国内多家媒体连续开展中国大学(含民办大学和独立学院)评价研究工作,其研究成果得到了国内外200多家新闻媒体的跟踪报道,引起了社会各界特别是广大学生家长和高等教育界的广泛关注,已经成为我国教育主管部门制定政策、高校提升办学水平和社会影响力、学生及家长报考院校、企事业单位选才及教育投资等重要参考,在我国高等教育评价领域已经形成了品牌和影响力。中国校友会网中国大学排行榜已成为我国最具影响力的大学排行榜之一。③

可以看出,几乎每个排名机构都对自己的指标设计和影响力很自信。国内还有几个高校进行大学排行研究,其专业性与影响力也

---

① 参见 http://edu. sina. com. cn/l/2002-05-21/24804. html.

② 参见 http://rank2010. netbig. com/daodu_1. html.

③ 中国校友会网大学评价课题组. 2010中国大学评价研究报告[R]. 深圳:中国校友会网大学评价课题组,2010.

很强，典型的有上海交通大学的《世界大学学术排名》，武汉大学的《中国大学及学科专业评价报告 2010～2011》等。由于高校自身附属机构研究的排行与高校自身有着密切的利益相关性（下文还要专门论述），所以在此不作为研究的主体。

大学排名与大学定位是紧密联系在一起的。排名靠前的高校，说明其在这个领域内的成就是突出的。尤其是综合性的排名，其排名顺序就是综合实力的体现，是对大学进行分层定位的体现。2006 年美国《新闻周刊》就大学国际化的标准列出了全球排名前 100 所的大学。具体的评价标准是：① 论文得到最广泛引用的各领域研究者的数量；② 刊登在科学杂志《自然》和《科学》上的论文数；③ 社会科学、艺术、人文科学论文引用指数；④ 外国教授和外国留学生人数比例；⑤ 学生对教授的比例；⑥ 图书馆的藏书量。其中前三项占 50％ 的评分，第四、五项占 40％的评分，第六项占 10％的评分。① 上述标准主要体现了开放性、多样性、学术性（研究成果）等特征，而且基本上就是一份世界一流大学的排行榜。再以国内武书连《中国大学评价》课题组的研究成果为例，其 2010 年的大学排名，前 36 名被定位为研究型大学，37～100 名被定位为研究教学型大学，另外它还有工学、管理学等 13 个学科的各校单科实力排名。当前国外的大学排名很多，细分的类型也很多，内容也五花八门，但基本上会从某一个角度反映出来大学的办学特色。而且经研究发现，在同一个排行榜中同一学校的排名若没有院校合并、拆分等现象，基本上是相当稳定的。当这些排名通过媒体展现给社会大众时，就会在社会大众心里形成了对于这所大学的定位。

媒体的排名由于其结果的形象与直观，对高校的影响是很大的。排名下降了，教职工会直观地体会到，会使他们自动地往学校的政策方面去找原因，他们会怀疑学校领导的能力，会怀疑学校出台的政策的科学性，最后会降低学校教职工对学校的凝聚力。如果排名上升了，哪怕只是上升一位，也会增强教职工对于学校的信心与凝聚力。我们知道，任何一个排名，其指标体系都不是完美的，都会有这样或那样的缺陷，都会体现有一定的价值趋向，都会含有个人的偏好因

① 刘道玉. 大学教育国际化的选择与对策[J]. 高等教育研究，2007(4).

素。大学在自身的办学定位中，要不要参考这些排名的因素呢？当然需要，当前我国高校中的教育研究机构无一不在为排名而头痛。上海交通大学高等教育研究院院长刘念才教授的一项课题研究结果显示，“提升排名已成为大学校长和各部门的共同目标。有些大学已经建立监控各类大学排名以及本校名次变化的机制。许多高校还成立了专门的办公室，负责搜集数据、监控表现、与同类高校进行对比分析，以及向相关部门和公众提供数据”。这说明，大学排名已潜移默化地影响着高校的内外部管理、政策与决策制定以及改革思路与举措等，高校在制定各个层面的战略规划过程中都会考虑大学排名。① 其实，排名中一所大学位置前后的大学就是这所大学办学定位的参照，大学会根据排名的情况选择与目标学校是竞争还是合作，以及如何竞争与合作。刘念才同时认为，要对大学排行有一个理性的认识，单纯对排名位置的追求，可能导致大学行为的异化，偏离其正常轨道。② 排名还将所有大学都置于一个模子中，不利于高校的多样化发展和展现高校活动的复杂性与多样性。这也给大学提了一个醒，即在办学定位实践中要正确、清醒地对待大学排名问题。从定位博弈的主体分析，大学在办学定位时要与实施排名的媒体及其成果展开一场充满智慧的博弈。但是，博弈什么？怎么博弈？我们认为这要看博弈的发起方、媒体及其大学排名的动机所在，即我们首先要研究大学排名的价值与规则。这样，大学与之博弈才能有的放矢。

三、大学排名的价值与规则

（一）作为监督与问责的工具

大学排名的目的和意义在于，作为服务于公共问责的有益工具，为消费者和政策制定者提供关于大学教育质量的可靠信息，同时激励大学提升质量。③ 这也是媒体社会责任的体现。1947 年美国新

① 参见 http://edu.163.com/11/0216/08/6T0IR3L800294IIT.html.

② 参见 http://edu.163.com/11/0216/08/6T0IR3L800294IIT.html.

③ 徐丹，徐娟.公共问责与市场竞争：大学排名难以承受之重[J].清华大学教育研究，2010(6).

闻自由委员会出版的研究报告《一个自由而负责任的新闻界》首次提出了媒体的社会责任论。媒体的社会责任可以这样定义："媒体社会责任是指新闻媒体及其从业人员在新闻传播活动中必须履行的对社会安定、国家安全和公众心智健康所承担的法律、道德等公共责任和社会义务。"[①]概括说来，媒体的社会责任有四点：一是传播责任，二是监督责任，三是法律责任，四是道德责任。[②]

大学也有责任和义务接受媒体的监督与问责。随着高校办学自主权的扩大，高校的办学需要接受社会的监督。在计划经济体制下，高校的招生、经费拨付、毕业生分配等几乎完全由国家决定，高校的办学自主权可以忽略不计。媒体对高校的监督与评价仅是对政府的评价，对高校的办学影响很小。随着市场经济体制的建立和高校办学自主权的扩大，高校越来越多地直接或间接地消耗社会的公共资源，尤其是国民的税赋资源，其支出者（政府或一般纳税人）要求高校证明公共经费得到了有效的利用和取得了与支出相吻合的成就的需要也越来越强烈。[③] 另外，我国的高等教育几乎是大学的垄断教育，高校的权利受国家宪法的保护。但权利与义务也应是对等的，所以高校有责任也有义务接受社会的监督与评估。尤其是在当前我国的高等教育由"精英教育"转向"大众教育"的情况下，在大学生交费上学的情况下，人们对于高等教育的期望在改变，对于高校的要求在提高，选择高校的目的性越来越强，这使得人们更加关心究竟哪所高校的产品（人才）质量更好，哪所高校能够满足自己的需要。为此，大学接受社会的评估成为一种必然。媒体对于大学评价的社会责任也就由此而来。大学排名无疑就是媒体对大学办学的监督与问责，是将其办学成果向社会传播的最直观的工具与途径。

（二）作为决策与商业的需要

媒体的大学排名，其相关的利益主体至少有投资者（政府、企业等）、消费者（学生及家长）、大学及公众等，当然还有媒体自身。对于投资者

---

① ［英］巴勒特．媒介社会学［M］．赵伯英，孟春，译．北京：社会科学文献出版社，1989：58．

② 赵莹．新媒体的社会责任研究［D］．武汉：华中科技大学，2008．

③ 陈伟，裴旭．大学排名有关问题的讨论［J］．中国高教研究，2003(12)．

而言,大学排名就是一个投资决策指南,需要衡量投入与产出的比例。随着市场经济体制的建立,高校的资金来源日益多元化,不仅有国家财政的支持,而且还要更多地通过其他途径获得社会组织或者个人的资助。西方国家的大学更是这样。而他们在提供资助时,自然希望有高校运行情况的评估信息。对于消费者而言,大学排行就是一个消费指南。与国家教育主管部门的评价、高校自身的评价相比,民间的大学排行更侧重于利益与消费,注重社会需求。大学排行榜在欧美等国家和地区,深受民众欢迎,人们选择合适的大学时,这是非常重要的参考依据。随着教育规模的扩大及教育市场的完善,学生接受高等教育的余地越来越大;随着国家教育成本分担制度的实施,学生承担的成本越来越高,学生选择高校的目的性越来越强。大学排行则可在一定程度上给个人提供大学的有关信息,帮助他们选择合适的高校。因此,如果将高等教育视作一种"消费",毫无疑问,"消费者"——学生和家长,非常需要这样的资讯。武书连课题组将其研究成果每年都编成一本"挑专业,选大学——××××年高考志愿填报指南",服务于全国约 1000 万的高考学生,每年的销量都很好。对于大学的决策而言,排行无疑是一个可供参照的工具,前面对此已有论述。对于媒体自身而言,排名的制作也是一个商业战略,可以促进媒体的发展。前面论述过,大学排名是有着广泛需求的,媒体研究并发表排名可以既满足需求,又扩大影响力,因此可以看作为媒体的商业战略。我国的情况更是这样。由于我国官方机构没有进行过统一的大学排名,而社会和个人又长期渴望能有一个中国的大学排行榜,因此任何民间机构所做出的大学排行都格外引人注目。特别是网大公司近年来连续推出的大学排行榜,更是凭借其网络传媒的优势,使大学排名一时间成为家喻户晓的名词,也引来众多媒体的关注和议论。网大的中国大学排行榜选在考生填报志愿之际发布,很大程度上也是一种炒作行为。①

无论是社会责任的监督与问责,还是基于利益出发的商业与决策,这和前面我们论述的社会主体对于大学定位的本质是高度契合的。从此也可以看出,将媒体及其大学的排名作为大学定位博弈的社会主体,是有代表意义的。

---

① 陈伟,裴旭.大学排名有关问题的讨论[J].中国高教研究,2003(12).

（三）大学排名的规范——柏林原则

为了规范大学排名机构的行为，联合国教科文组织、欧洲高等教育研究中心和华盛顿高等教育政策研究所，于2004年共同发起成立了大学排名国际专家组(IREG)。2006年5月在柏林召开的第二次会议上，讨论通过了一系列高等教育排名的质量标准和操作范例，即柏林原则，以作为对高等教育机构进行排名需遵守的共同准则。上海交通大学高等教育研究所也参与了柏林原则的制定。该原则共有4个部分16项细则。① 排名的目的：提供市场观点，明确为谁排名的问题，强调多样化、有针对性的评估。② 指标设计与权重：选择产出进行评价，强调指标的透明化、科学化。③ 数据收集与处理：尽可能公正，强调过程的严谨性与结果的可靠性。④ 结果公布：为受众提供全部信息。[①] 柏林原则的制定是为了解决大学排名中的混乱现象，力图通过这种规范使大学排名发挥更大的社会效益。从某种意义上来说，这是大学排名机构作为一个整体利益集团的行为规范，也是为了解决人们对于大学排名日益高涨的逆反情况而做出的反应。柏林原则是排名者自定的行为准则，它的产生没有经过投票决议，只是与会的40多名各国专家达成了基本认同。许多学者认为，柏林原则并没有达到相应的效果，是一厢情愿的行为。因为它的中心还是用非常复杂的数理统计方法来计算大学中可以量化的产出，对于大学里一些隐性的社会价值，如文化的价值、人格的价值等较少给予考虑。现代大学社会价值的评价不能仅限于抽象逻辑，而要放在其所处的政治、经济与文化环境之中方有意义。

任何大学排名都是围绕一定目的进行的，也就是所做的排行是“为谁服务”的。出于对大学排名应有价值的理解，台湾学者侯永琪说：排名者、被排名者及使用者三者无法真正将大学排名的价值正常化。也就是说，三者各自的价值理念无法通过一份简单的大学排行榜来真正体现。何况，柏林原则的理想在大学独有的特质面前显得有些天真而不具有现实的张力。[②] 作为被排名者的大学而言，当自

---

① 章建石.大学排名的规范——柏林原则[EB/OL].http://www.cas.cn/xw/zjsd/200805/t20080506_1685786.shtml.

② 金诚.对流行大学排行榜的反思[J].西南交通大学学报(社会科学版)，2010(4).

己的价值无法得到体现的时候,怎么办?这涉及博弈策略的问题。对于大学排名中所涉及的社会责任价值,大学在与其博弈的时候,要尽量地遵守;而基于利益的商业与决策价值,大学要有目的地选择是合作还是反对,甚至还有投机。所以大学在定位问题上与媒体的博弈实际上就是追求一种价值均衡的博弈。

四、晕轮效应与大学的定位策略

(一)大学排名的晕轮效应

事实上被排名者——大学,对于排名最为敏感,因为它直接关系着自身的利益问题,关系到学生对于学校的价值认同问题,等等。学者们对于大学排名的批评很多,主要集中于多数排名过于注重可以量化的产出,如科研成果的数量等,或称绩效,即注重大学的投资价值而忽略大学的社会价值。正因为过于注重科研成果,科研水平高的研究型大学在排名中占尽了优势。虽然排名每年都有微小的变化,但是总体来看排名固化了大学的格局,固化了人们头脑中对于什么是好的大学的认识,致使好的越好,差的永远赶不上。下面我们用晕轮效应来形容大学排名对于大学的影响。

晕轮效应也称作"光环作用",最早是由美国著名心理学家爱德华·桑戴克于20世纪20年代提出的。他认为,人们对人的认知与判断往往只从局部出发,扩散而得出整体印象,即常常以偏概全。① 一个人如果被标明是好的,他就会被一种积极肯定的光环笼罩,并被赋予一切都好的品质;如果一个人被标明是坏的,他就被一种消极否定的光环所笼罩,并被认为具有各种坏品质。这就好像太阳或月亮的晕轮一样,太阳的光没有变化只是有晕轮的存在其附近的物体都黯然失色了。在评价中,晕轮效应意味着如果考核者对被考核者的某一绩效要素的评价较高,就会导致对被考核者所有的其他绩效要素也评价较高,反之亦然。大学排名过于注重大学的投入产出绩效,就会产生相应的晕轮效应。大学如果

---

① 晕轮效应[EB/OL]. http://baike.baidu.com/view/485.htm.

走不出排名的晕轮效应，就会出现为排名而办大学的现象，就会影响办学策略的选择问题。晕轮效应同样也会作用于大学排行本身。因为大学排行需要一个基准的指标来衡量其排名是否成功，一些最高水平的大学，在一定的话语权的影响下，在一定的价值观的引导下，会促使大学排行机构不得不以它们为参照。这样做出来的排行才会有较大的公信力。所以晕轮效应对于大学与大学排行机构都是有效的。如果两者的晕轮重合，则一片和谐；交集之外，往往会引起两者的矛盾。

其实，大学与排名机构的冲突时有发生。20 世纪 90 年代初，斯坦福大学的一群激进学生在号召有关大学和学院联合抵制《美国新闻与世界报道》大学排行未果的情况下，成立了名为“遗忘《美国新闻与世界报道》联盟”的团体。当《亚洲周刊》在 1997 年和 1998 年推出首份亚太地区大学排行榜后，1999 年有 35 所大学拒绝参与该刊所做的调查，其中多半是日本和中国的大学。抵制行动导致该刊排行的最终流产。有趣的是，每次都位居榜首的东京大学也决定 1999 年后不再参与该刊的排行。正如东京大学校长莲实重彦做出的解释，“我们教育和科研的质量无从与其他大学相比较”①。1994 年，加拿大 15 所大学宣布不再参与《麦克林》的大学排行。1995 年，魁北克的法语大学集团也同纪念大学、马尼托巴大学以及蒙克顿大学一道退出排行。他们的理由包括晕轮效应会使他们做出糟糕的判断②；此类事例还有很多。

但是抵制归抵制，大学排行依然存在。这是由排行的公众需求所决定的。相互的博弈策略下，大学排行也在改变。它们会不断地调整指标及其权重，使其排行的结果更易被大学及大众所接受。当然，也不排除一些哗众取宠的另类手段，故意激起大学的愤怒，吸引大众的眼球，从而达到完成其商业策略的目的。大学需要用平常心来看待大学排行，尽量走出排行的晕轮效应。从理论上讲，晕轮效应

---

① Provan D, Avercromby K. University league tables and rankings: A critical analysis[R]. CHEMS Paper, 2000.

② Cartter A M. An assessment of quality in graduate education[R]. Washington DC: American Council on Education, 1966.

的中心就是大学的核心价值问题,即大学的商业投资价值与社会责任价值的均衡问题。但是从实践上看两者经常出现偏差,尤其是大学,在被动中往往会采取一些非理性的行为。

（二）大学的策略分析

同样是对大学排行机构的排名不满意,不同层次与不同类型的高校往往会采取不同的博弈策略。不同地域和发展水平的高校对此的方法也会有差异,如斯坦福的学生可以站出来成立抵制排行的联盟,但我国的学生往往只会埋怨学校,我国的大学往往会争取排行机构更多地关注本校的发展实际。

如前所述,没有哪一所学校事实上不在关注排行榜中学校的位置,哪怕是经常排名第一的学校。因为它会担心排到第二名,这涉及学校的声誉问题。但是很显然,不同层次、不同类型的高校对此关注的重点内容是不一样的,采取的策略也是有差异的。从博弈策略的角度,我们将高校的行为分为两类:不合作和投机。需要说明的是,这两类行为并不是特指哪一所学校,因为它们可能在同一学校身上不同的办学阶段会陆续出现。

为了简化而清晰地展示分析过程,这里有两个假设:

(1) 大学排行机构与大学是不会合作的。因为一旦合作,排行就失去了独立性,其评价行为与结果就会有失公允;大学就会出现迎合排名的投机行为,就会出现为了排名而定位的情况。

(2) 两者是一对一的博弈,其中参考了其他大学和其他排行机构可能会采取的相应行为。

博弈的局势如表 3-2 所示。

表 3-2　　大学与排行机构之间的投机博弈分析

		排行机构	
		不投机	投机
大学	不投机	2,2	1,3
	投机	3,1	3,3

博弈分析如下:

(1) (2,2),大学与排行机构都不投机。对于大学来说,你评你的，我有自己的明确的办学定位，该怎么办学就怎么办学，不会受到你的影响，得数为 2。对于排行机构来说，不受外来的影响独立地按照标准进行评判，用排名的科学性来赢得大学与公众长久的尊重，得数也为 2。也就是说，两者只要各自独立地行事，都寻找价值的均衡，都会得到不错的收益。至于说为什么有的排行得不到大家的认可，这大概是由于排行机构之间的竞争所致，是由于排行机构自身的指标问题。

(2) (1,3)，大学不投机，而排行机构投机。某一所大学不投机，并不代表其他的大学不投机，而这时如果排行机构也投机，那么不投机的大学的收益就会下降为 1。如果排行机构主动地采取投机行为，大学成为排名的被动方，排行机构会抢得话语权，从而在两者的博弈中占得先机，其收益会增长为 3。

(3) (3,1)，大学投机，排行机构不投机。大学主动采取投机行为，例如研究排行中的指标漏洞，要么在舆论上诋毁排行机构，要么采取有针对性的行为快速地提升自己的产出绩效，这样大学的得数会上升为 3。而此时，如果排行机构不及时地改变策略，其排行的公信力就会下降，其收益会下降为 1。

(4) (3,3)，大学与排行机构都采取投机行为。如(3)所述，大学采取投机行为，其收益为 3，而恰巧排行机构也采取了投机行为，先于其他的排行机构改变策略，或采取与大学“合作”的行为，这样两者就会出现“双赢”的局面。

基于两者投机与不投机的分析，我们发现，其纳什均衡就是双方都不投机，都采取最理性的行为，都在追求价值的均衡，而且都达到了令人满意的效果。其最优却是两者都采取了投机行为，虽然收益会上升，但是却会偏离了价值的均衡。这也是为什么有很多的学者认为，大学排行一开始就是一个错误的行为。即无论怎么改进，都无法达到令人满意的最佳的价值均衡状态。

以大学的办学定位为中心，我们分析一下现实中会发生的情况。

第一，在大学排行面前，无论什么时候都不采取投机行为的高校。这样的学校有两种，一类是金字塔最顶尖的大学。由于我国高等教育的层次相对稳定，这些学校在任何的排名中，均居于前列，即排名对于它的资源的获取没有任何的影响。这类学校的数量极少，如“985 工程”高校中的部分高校,无论怎么样排名它们的目标定位都会是“世界一流大学”。其实这也是相对的,是和排名的范围和水平相关的。你可以不关心国内的排名,但作为国家大学的代表总不能不关心自己在世界范围内的排名吧。所以当我们看到国内某些顶尖大学在某一国际知名的排行榜上有过山车式的排名曲线时,千万不要感到惊讶,因为存在着投机的可能。第二类是处于金字塔底部的学校,如一些新建本科院校及大部分的高职高专院校等。不是这些学校有什么高深的发展思路,而是这类学校排名较低,或根本就不在排名机构的研究视域内。它们的发展定位受政策的影响较强。如上述三大排名,目前多关注于某一领域内的前 100 名大学,对于其后面绝大多数高校的办学显得没有精力和热情去关心。

第二,有着投机想法的高校占很大比例。国内的高校,只要是稍有历史与规模,都会建有高教所之类的高等教育研究机构。在网上检索研究关于大学排名的文章就会发现,绝大多数出自高校的教育研究人员。他们往往会专门研究各排行的指标体系,以期发现其中的奥妙与差异,为学校的排名上升或下降问题找借口、谋出路。如果仅是这样,还算不上是投机行为。2009 年 12 月 19 日,国际学术期刊《晶体学报》官方网站刊发社论,披露来自中国某大学的两位教师至少 70 篇论文是伪造的,决定撤销。① 《晶体学报》这一国际学术期刊为 SCI 所收录。把 SCI 纳入学术评价体系的做法,为各个以学术评价为重心的排行榜所推倚重。但是,正是在排行榜的推崇下,SCI 这一原本公正的学术评价载体,正在被异化。想提高学校的排名,鼓励师生在 SCI 上多发表一些论文就可以了。论文发表后,学校一般都会有重金奖励。SCI 论文还与教师的考核、职称晋升及申请课题经费密切相关。发表不了怎么办?造假、篡改数据等行为的出现不是偶然的。最近国内学者被国外期刊集中退稿的消息不断传来,对于我国的学术声誉都有非常不良的影响,不能不引起重视。

还有的高校更为直接,赞助或贿赂排行机构的负责人,快速地提

---

① 《晶体学报》中国论文风波调查 两年高产 70 篇论文的背后[EB/OL]. http://news.nju.edu.cn/show.php?id=11553.

升本校在排行榜中的位置。2009 年 5 月,媒体记者接到线索,称成都某高校先后两次邀请中国大学评价课题组负责人武书连来校做报告,随后两次给武书连方面汇款数万元。此后,该校在中国大学评价课题组发布的《中国大学排行榜》中名次上升,从 2004 年的 116 名上升至 2007 年的 92 名。① 虽然武书连本人否认收取过赞助费,否认排行榜中有什么潜规则,但他承认自己确实到过该学校讲过课,并借机考察了学校。这样做是有风险的,虽然拿到的可能仅是劳动报酬,却失去了排行机构与所评大学之间的独立性,也就失去了排行榜在大众心目中的公信力。大学为什么会与排行机构合作,只能用投机二字才能解释这种行为,我们理解也许是投机没有达到效果才会使之暴露于众吧。这种投机行为会给大学带来虚假的定位,扰乱大学正常的办学秩序,误导大学的战略决策。

还有一种介于不合作与投机之间的行为。自立门户搞排行榜,自己设计一套评价体系,这样既不需要看别的排行脸色,又恰好能提高本校在排行中的位置与影响力。尽管各校都有研究人员对各类的排行榜进行研究,但能够独立地制作出一套有说服力的排行榜并不容易。这是因为排行榜需要大量客观的数据,需要具有管理学、教育学等专业背景的团队。另外多数学校认为根本不值得去做,因为高校自身做评估指标体系,有自说自话之嫌。

目前国内高校做大学排行榜做得最好的有两家,一是上海交通大学以刘念才教授为首的"世界大学学术排名"(Academic Ranking of World Universites,ARWU)。它于 2003 年首次在网上公布,此后上海交通大学世界一流大学研究中心和高等教育研究所的研究每年更新。② 上海交通大学将研究的视野放在全球,初衷是分析中国名牌大学在世界大学体系中的地位。当然附带也会分析上海交通大学自身。经过多年的坚持与改进,目前"世界大学学术排名"已经获得了世界范围内的认可,成为世界知名的大学排行之一。例如,德国

---

① 大学排行榜制作者武书连被指收取高校赞助[EB/OL]. http://news.cnwest.com/content/2009-05/05/content_2027489.htm.

② 关于世界大学学术排名(ARWU)[EB/OL]. http://www.arwu.org/Chinese/aboutARWU.jsp.

对这个排名有很强的反响,对德国高校排名那么不靠前做出反思。《明镜周刊》说:“教育专家们认为,这个2003年首次发布的上海排名榜属于严肃的、透明的大学评价之列。”《南德意志报》说:“一开始中国研究人员就是对中国大学与世界级大学的差距有多大感兴趣。在各国的朋友对这个上海做的大学排名榜表示出兴趣后,那里的科学家们开始在网上发表他们的比较结果。现在我们每年紧张地期待着这个排名结果。”

二是武汉大学中国科学评价研究中心以邱均平教授领衔主持的《中国大学及学科专业评价报告》,也被称为“武大版大学排行榜”。与上海交通大学的排行榜相比,《中国大学及学科专业评价报告》显然将全部的精力放在了国内。它的特点是涵盖学校范围广,分类更为细致。2011年其榜单上,1085所大学被评价(包括重点大学125所、一般大学610所、民办大学350所)。目前它也成为国内最有影响的几个大学排行之一。

我们对于这两所大学进行的排行研究充满敬意,既因为其专业性强,也因为其工作量大、奉献意识强。但不可否认的是,这两所大学的排行榜都不会将自己的学校排列在外。表3-3是2010年武汉大学在国内主要排行榜中的位置比较。可以看出在武大版中,武汉大学的各项排名均高于在其他排行榜中的位置。同时,由于做排行榜是一项专业性很强的工作,而且国内有影响的排行榜也就这么三五家,同行之间会洞悉一切指标的细则,有一个很“强势”的排行榜的高校,其在其他排行榜中的名次会不会由此受到影响呢?我们仍以武汉大学为例,看它在排行榜中的位置变化(见表3-4)。

表3-3 2010年武汉大学在国内主要排行榜中的位置比较

排行榜名称	综合排名	管理学科排名
武书连版	7	6
网大版	14	—
中国校友会版	7	—
武大版	5	1

表 3-4 武书连版大学排行中武汉大学历年综合排名比较

年份	1996	1997	1998	2001	2002	2010
综合排名	26	24	14	15	7	7

我们做这个比较并不是要对武汉大学本身产生什么怀疑，武汉大学在国内的办学实力与名气不容我们多说，也不可否认排名的上升有合校的因素、有学校办学实力提升的因素，这里只是想从排行榜的角度来分析其中的个由。武汉大学身边有一个从建校历史来说属于“同城小弟”的华中科技大学，其在武书连排行榜中一直居于前 10 名的位置，且在 2001 年之前的排名远好于武汉大学。2002 年武汉大学开始研究并发布《中国大学及学科专业评价报告》，此后武汉大学至今的排名一直在前十名，与华中科技大学你上我下不分彼此。也许我们的视觉出了问题，在此也给不出明确的答案，但其中的关系确实值得我们深思。

（三）继续向政府问责

大学定位不应围绕着排名转，不能看到了学校在人才培养上的得分低就去扩大办学规模，以期在短时间内提高相应的得分；不能看到科研得分低就用重金激励教师多发 SCI 论文，从而忽视了教学，忽视了人才培养。大学定位一定是一个整体的定位，一定是以人才培养为中心的定位。香港大学原校长徐立之说："大学排名并不重要。我们扩大非本地生的名额，并不只是为了招收内地学生，我们也希望收取更多的海外学生。这样才能令大学多元化。对于港大，排名并不重要，能不能培养出一个好学生才是最重要的。”最成功的大学，一定符合所有排名指标；符合所有排名指针的大学，却不一定是成功的大学。醉心于排名榜的，一定成不了(世界级)大学。潘懋元先生也明确指出，一流大学不能跟着“排行榜”转，一流大学不是排名榜排出来的。① 但是为什么还会出现上文中提到的“提升排名已成为大学校长和各部门的共同目标”，“高校在制定各个层面的战略规划过程中都会考虑大学排名”等情况的发生呢？

① 潘懋元. 一流大学不能跟着“排名榜”转[J]. 清华大学教育研究，2003(3).

排名带给大学的压力来自于内外两个方面。内部的压力主要是学生与教职工带来的。学生和教职工是学校的"主人翁",如果他们过于看重排名的话,大学校领导就会感到压力。对于学生而言,在读期间如果学校的排名上升了,他们就会认为自己选择对了,投入升值了;如果排名下降了,他们就会将怒火迁移到学校身上,会在校内外的网站论坛上发表攻击性的言论,曝光学校的一些"丑事",从而使学校的办学声誉大受影响。教职工的情况也大致类似,他们会将自己的幸福感和大学排名结合起来。中国科学技术大学在别的学校扩招与并校之际,选择了坚守小而精的办学路线,致使学校排名一度下降到 20 名开外,大大刺激了学生和教职工的自尊心与好胜心。后来中国科学技术大学校园网上出现一篇帖子《朱清时校长的战略错误》,认为朱清时不趁机扩招并占地圈钱,不扩大招生,失去了一次发展的大好机会。外部的压力来自于政府与公众。目前政府对于排行榜的态度很微妙,国家从政府层面并没有一个权威的排行榜,既需要社会排行榜监督高校办学,又没有让排行榜和学校的经费拨付挂起钩来。但是如果排名下降幅度过大的话,肯定需要大学的校长等管理层向政府去解释办学的"苦衷"。作为一个由政府任命的校长,其压力显而易见。同时,公众在不了解学校办学实际的情况下,会根据排名情况在子女上学、捐赠、投资时"用脚投票"。

所以,排名下降带给学校的压力有信誉的压力、经费的压力和行政的压力,压力的中心在大学校长。西方董事会选出的大学校长是这样,中国以政府任命的校长也是这样。目前中国大学校长的任期很短,一般不会超过两届(八年)。除了因为年龄问题到届退休外,年轻的大学校长不会不考虑自己的出路问题。所以,哪一个校长也不愿意看到学校在自己的领导下排名一直在下降。而在很短的任期内,如何才能让学校的排名上升,几乎是校长们"夜不能寐"的事。这时,我们不难理解为什么有些学校一直会选择趋高的学校定位,在排名问题上选择急功近利的投机行为了。这个问题的解决依然需要政府来解决。要让高校对大学排行榜有平常心,政府要监督并引导各种排名评价的科学性,并给大学校长们以更加宽松的办学环境。

第四章　同行评价:生态位中的大学定位

大学定位必须要有参照物,也必须要有竞争对手。即,大学在定位的过程中需要选择另外的某些大学作为自己的镜子,如果这所大学影响了其资源获取的数量与途径,那么它们之间就会构成竞争关系。同时,大学和其他组织一样又是需要相互合作的。大学之间的合作除了资源共享的原因外,还因为大学的本质属性使然。大学是以知识及知识的发展为核心的组织,而知识是共享的,属于少数人拥有知识的时代一去不复返了。大学中的人是知识的载体,他们是流动的知识,他们需要交流需要合作。无论目前学校之间的竞争与合作关系如何,大学的知识属性也决定了大学之间需要彼此合作。因此,大学之间是既竞争又合作的关系。那么,大学之间究竟是竞争多一些还是合作多一些呢?要看大学所处的环境与生态。所以大学同行之间的相互对照定位以及采取的竞争与合作行为,是大学定位实践中不得不考虑的问题。从理性的角度分析,大学之间相互定位的目的就是要在高等教育系统内、在大学的丛林中最大限度地获取办学资源。

一、高等教育系统与大学生态

(一)生态位概念的引入

大学定位最终是高等教育系统中的定位。例如刘献君教授2003年认为,"当前研究高等学校定位,主要是研究高等学校在整个高等教育系统中的定位"①。

① 刘献君.论高等学校定位[J].高等教育研究,2003(1).

高等教育系统是由高等教育活动的主体在凭借一定的物质文化条件作用于高等教育活动客体的过程中结成的具有特定功能和目的的有机整体。[①] 高等教育系统是一个复杂的社会系统，不同的视角和目的，对系统的描述会有所侧重。赵文华认为：从学术组织、专业组织和行政组织三个方面来揭示高等教育的特征，比较符合高等教育发展的逻辑，也有较强的现实针对性。[②] 在《高等教育系统——学术组织的跨国研究》一书中，伯顿·克拉克用比较的方法，以工作、信念、权力为高等教育要素展开论述。他认为，高等教育系统因各种权力之间的矛盾增多而变得日益复杂，系统内的活动受到各种力量的推动和牵制，其纷繁复杂的局面使人困惑。

贺祖斌认为，高等教育系统除具有一般系统所具有的整体性、层次性、结构性、功能性、变异性和相对稳定性等共同特征外，还具有以下生态特征：① 高等教育系统是一个具有生态演替的系统。② 高等教育系统是一个具有生态区域性特征的系统。③ 高等教育系统是一个复杂有序相对稳定的系统。④ 高等教育系统是一个具有自我调节功能的系统。⑤ 高等教育系统是以人为中心的系统。[③]

其实，运用生态学的概念来研究高等教育的问题，是国内外学者们经常使用的一个重要方法。英国教育学家阿什比(E. Ashby)在1966年提出"高等教育生态学"(Ecology of Higher Education)的概念。[④] 1976年，哥伦比亚大学师范学院院长劳伦斯·A. 克雷明在其所著《公共教育》(Public Education)中明确提出了教育生态学的概念。克雷明认为，教育生态学的方法就是"把各种教育机构与结构置于彼此联系中，以及与维持它们并受它们影响的更广泛的社会之间的联系中来加以审视"[⑤]。英国学者埃格尔斯顿(J. Eggleston)认为，生态学所关注的是有机体的行为和生活方式以及它们与周围环境的

---

① 薛天祥. 高等教育管理学[M]. 桂林：广西师范大学出版社，2006：55-60.

② 赵文华. 高等教育系统论[M]. 桂林：广西师范大学出版社，2001：19.

③ 贺祖斌. 中国高等教育系统的生态学分析[D]. 武汉：华中科技大学，2004.

④ [英]阿什比. 科技发达时代的大学教育[M]. 滕大春，滕大生，译. 北京：人民教育出版社，1983.

⑤ [英]迈克尔·夏托克. 高等教育的结构与管理[M]. 王义端，译. 上海：华东师范大学出版社，1987.

关系，他以研究教育的资源分布为主旨在1977年出版了《学校生态学》(The Ecology of the School)。费恩(L. J. Fein)则从教育与环境的关系入手来探讨问题，著有《公立学校的生态学》。孟丽菊则以生态位理论为基础，探讨了大学—政府—市场的关系。她认为，从生态学的角度看，大学可以被视为一种独特的生物种群，政府和市场是形成现代大学生态位的生态限制因子。在生态位的理论视野下，大学—政府—市场关系就可以体现大学形成和发展以及运行和管理的双重生态学内涵。① 这对于我们理解大学定位过程中怎么处理与政府、市场的关系有所帮助。

从生态学的角度，高等教育系统就是一个生态系统。不同层次、不同类型的大学组成了生态链，而每个大学都处在这条生态链中不同的生态位之中。所谓大学定位，就是要在大学的生态链中寻找自己的生态位。生态位是生态学的一个重要概念。第一个使用niche(生态位)一词并给它下定义的人是英国生物学家格林耐尔(J. Grinnell)(1917)，他把生态位看成是生物在群落中所处的位置和所发挥的功能作用。② 著名生物学家奥德姆(E. P. Odum)(1959)把生态位定义为：一个生物在群落和生态系统中的位置和状况，而这种位置和状况则决定于该生物的形态适应、生理反应和特有的行为(包括本能行为和学习行为)。他曾经强调指出：一个生物的生态位不仅决定于它生活在什么地方，而且决定于它干些什么。他把生境比作生物的"住址"，而把生态位比作生物的"职业"。③

生态位的概念给我们在大学定位时，如何处理大学与大学之间的关系也提供了借鉴。第一，在生态位概念下的各大学是一个个发展着的有机体，它们在整个高等教育系统中不断地寻找适合自己生存的位置。没有竞争的高等教育系统不是一个好的、有活力的系统。在高等教育资源充足的时候，大学之间的竞争不明显，大家各安其位；在高等教育资源不充足的时候，各大学就会为了争夺资源展开竞

① 孟丽菊. 基于生态位理论的大学—政府—市场关系研究[D]. 大连：大连理工大学，2010.

② 尚玉昌. 普通生态学[M]. 北京：北京大学出版社，2002：284-288.

③ Odum E P. Basic Ecology[M]. Philadelphia: Saunders College Publishing，1983.

争,努力地争取上位,以便获得更充足的资源。可见,大学在办学定位的过程中,会与其他的大学相互定位参照,也会与其他的大学展开竞争或合作,其核心也是为了获取最充足的办学资源。第二,大学之间的竞争是有规则的,大学定位时要考虑尽量错位发展。天上飞的,就尽量不要到水里去寻求发展。例如,研究型大学就要尽量避免参与应用型人才培养的竞争。第三,大学是有区域性的,区域环境的差异会造成大学生态位的样态与选择不同。大学定位必须要考虑其区域的特殊性,尽量避免同一区域内的相同的生态位选择,从而造成大学与大学之间的恶性竞争。

（二）生态演替中的大学定位

良好的生态位,其优势种群很长一段时间内会是相对稳定的。但其内部的竞争是永远存在的,尤其是在受到外部因素干扰的情况下。如植物群落,病虫害、外来物种入侵、气候变化等,都会使原来的优势群落发生变化,使得原来并不占优势的物种后来居上,占据了生态位的上层。动物也是这样。如果没有外来的干涉,整个食物链基本上是稳定的。但是如果人类非得要保护某个种群,而过度捕杀其天敌的话,就会导致这个种群的数量迅速增多,发展到一定的程度,最终生态链也会崩溃。

在大学的生态位关系中,几乎所有的大学都在谋求上位。即使是国内一流的大学,如“985 工程”大学,也在争取在世界范围内的话语权,争当世界一流大学。这种竞争上位的大学生态,如果是在没有外力的干涉下,符合哈耶克的“自生秩序”状态。哈耶克是新自由主义“伦敦学派”的主要代表人物。哈耶克认为,“自生秩序”,也可用“自我生成的秩序”(self-generating order)、“自我组织的秩序”(self-organizing order)或“人的合作的扩展秩序”(extended order of human cooperation)等术语来代替,它是指因个人的独立决策而自我生成的秩序,是很多个体行动无意识的结果。邓耀彩把自生秩序这一概念扩展到高等教育的组织行为。他认为,高等教育产生和发展中非人为设计而产生的秩序,是基于各个高校自主决策而产生的秩序。[①] 他以中世纪大学的产生、美国赠地学院的产生为例，论述了只有自生秩序占主导作用，才能形成多样化的高等教育系统。

然而，“自生秩序”状态下的大学生态，只是一种理想的状况。即使是在市场机制较为健全的美国，国家、政府及社会的引导对大学的发展起到了重要的影响。哈耶克本人也认为：“‘生存竞争’和‘适者生存’等观念……在社会科学领域中并不适宜；因为在社会进化中，具有决定意义的因素并不是个人生理的且可遗传的特性的选择，而是经由模仿成功有效的制度和习惯所做出的选择。”[②]也正如陈厚丰所言：“首先，自生秩序是高校定位的内因（内熵），政府对高校定位的分类引导是外因（外熵），后者必须以发挥前者的作用为基础。即，高校定位是自生秩序与分类指导的有机结合。”[③]我国的情况又有些特殊。我国是一个由政府高度集权的高等教育系统，每个大学在这个生态系统中的生态位基本上是由政府划定好的。所以整个生态系统是高度稳定的。但是稳定不代表静态。例如政府的喜好与政策的变化会给大学的生态带来变化。如前文中所提到的，中华人民共和国成立后，政府就设立了中国人民大学，居于全国大学之首，使之不仅具有一般大学的功能，还具有管理全国大学的职能。1985 年《中共中央关于教育体制改革的决定》颁布后，国家实行了三级办学体制，激发了中心城市办学的积极性，新办学校数量如雨后春笋般增加。如果从级别上来说，这些学校属于市里的一个处级单位。1996 年北戴河会议确定了“共建、调整、合作、合并”的高等教育管理体制改革方针，并确定了中央、省属两级管理体制。中心城市举办的学校其行政级别一举升格为厅级。这就意味着其有了与同一城市内众多老牌高校平起平坐的权利。合并也给我国的大学生态带来了巨大的变化。通过合并，“巨无霸”式的大学在我国开始出现。如 1998 年 9 月 15 日，原浙江大学、杭州大学、浙江农业大学、浙江医科大学合并组建新的浙江大学，浙江大学从此由工科大学转变为综合性大学，学科

---

① 邓耀彩. 高校定位：自生秩序还是管制[J]. 高等教育研究，2006(2).

② [英]弗里德利希·冯·哈耶克. 自由秩序原理(上)[M]. 邓正来，译. 北京：生活·读书·新知三联书店，1997：22.

③ 陈厚丰. 高校定位：自生秩序与分类引导有机结合——兼与邓耀彩博士商榷[J]. 高等教育研究，2006(6).

门类齐全。正是这次合并后，在大学排名中浙江大学的名次迅速上升，近年来其排名一直位列国内各排行榜的第三名。“2011 计划”第一批协同创新中心里面的南京工业大学、河南农业大学、河南工业大学等无疑在生态位中迅速取得了一个好的位置。因此我们一定要以动态的眼光来寻求大学生态位变化的规律。

二、大学生态位的扫描与测量

（一）我国大学的外生态

外生态位问题实际上是和大学的国际化问题相联系的。在经济全球化的浪潮下，国际化问题已经摆在了每一个大学的面前。事实上，几乎每一个大学都力图参与到国际化办学的行列中。据笔者调查，江苏所有的本科院校都设有国际合作交流处等类似的机构，许多高职院校也开展了国际合作办学项目。然而在对待国际化的问题上一定要有清醒的认识。美国比较高等教育专家阿特巴赫认为，全球化并不能改变目前高等教育的强弱格局，甚至会加剧发展中国家高等教育的边缘化，甚至殖民化。国内有许多学者认为，目前我国的大学国际化还不是真正意义上的国际化。大学国际化的话语权通常不是由某个大学所掌控的，它往往反映了一个国家高等教育的整体水平，是一个国家高等教育整体的代言。通常来说，强者自然拥有话语权。美国是当前公认的世界高等教育强国，是高水平大学最多、最集中的国家，在大学国际化方面，它似乎也拥有了理所当然的话语权，其中以美国《新闻周刊》评价大学国际化的标准为世界公认。我国高等教育的整体水平还很弱，世界一流的高水平大学还很少，在国际化的话语权争夺方面处于劣势。因此大学的国际化定位实际上仅是高水平大学的定位，是那些以建设世界一流大学为目标的大学定位。

建设世界一流大学是我国大学的梦想。例如，“985 工程”大学的设立与建设，实则是一个大国的教育强国之梦。“985 工程”大学几乎都把建设世界一流大学当作自己的目标定位，这也是它们的责任所在。

从整体上来看，我国的大学在世界高等教育系统中处于相对弱势的地位、边缘地位，处于生态位的底部。我国高水平大学应该将世界一流大学当作自己的发展定位，这是它们的责任担当，但同时也应该保持清醒的头脑并讲求方式方法。就目前的情况而言，特色发展是主流。特色发展就是争夺话语权，争夺文化交往中的话语权。在这个方面，国内一些大学也是有一些成功的案例可以借鉴的。例如，中国矿业大学倡导并成立的“国际矿业、能源与环境高等教育联盟”，可以说是我国大学在此方面比较成功的案例。中国矿业大学是国内矿业领域最杰出的学校之一，它利用自身的优势学科，抓住了资源、能源与环境三个关键词，呼吁国际上与三者相关的大学都应该以积极的行动来应对三者对于人类社会持续发展的挑战。2009 年 10 月 17 日，全球矿业、能源、环境领域的 11 所高等院校在中国矿业大学共同发起并签署《国际矿业、能源与环境高等教育联盟宣言》。宣言中提出了联盟的行动目标与任务为：共同推进矿业、能源与环境领域的人才培养事务，积极推进联盟各成员之间的课程互认、学生互派、教材互换、信息共享等方面的合作；围绕联盟的主旨和任务，定期举办相关高层论坛和学术会议；促进联盟成员之间在全球气候变暖、节能减排、新能源开发利用等方面开展合作，积极开展高层互访和学术交流。① 中国矿业大学在这个国际高等教育联盟的成立及其运作方面拥有了不可置疑的话语权。联盟成立至今，各项活动持续顺利开展。有为才有位，在大学国际化面前，中国矿业大学的这种积极的态度与行动无疑为我国的大学国际化开辟了一条新的道路。

我们说国内同一区域的大学定位要错位发展，但国际化定位要有所不同。错位发展容易使人认为国外的竞争对手很强大，我们就做低端的国际交往产品。具体表现在：把学生送出去，让教师去国外镀镀金，或者是开放国内的教育市场，让对方来国内办学，等等。这样做的结果，可能不仅不会提高我国大学的生态地位，反而会像阿特巴赫所讲的，我国的大学被边缘化和殖民化了。因此，国内凡是将建设世界一流大学作为目标的高校，不要被表面的国际化所蒙蔽，一定要以学科建设及科研成果为突破口，切切实实地提高办学的实力与

① 全球 11 所矿业高等院校共同发起并签署《国际矿业、能源与环境高等教育联盟宣言》[EB/OL]. http://news.cumt.edu.cn/ArticleRead.aspx? Id=19234.

水平。

（二）我国大学的内生态

我国大学的内生态实际上是和我国的高等教育管理体制和高校分层联系在一起的。关于我国高校的分层问题在第一章已经提及，在此不多叙。在分层概念下我国大学生态位的状况可从以下几个方面解析：

（1）按办学资源的来源划分，有公办的大学与民办的大学。民办大学在我国的发展并不尽如人意，一直处于弱势地位，而公办大学则是国家的事业单位。两者的生存环境差异明显，民办大学的生存状况近期依然得不到改善。

（2）按隶属关系分，有教育部直属高校、省属高校。1998 年高等教育管理体制改革后，只有极个别的行业部委还保留一些规模不大但特色鲜明的高校，绝大多数原行业院校都划归教育部与各省管理。同行业办学水平最高的学校，几乎都留在了教育部，如农业院校的中国农业大学、矿业院校的中国矿业大学、纺织院校的东华大学等。这次体制改革，从院校的归属情况来看，也可以说是教育部的一次“掐尖”运动，是中央政府抓大放小管理策略的体现。目前，教育部直属高校共 75 所，从办学实力来看，教育部直属高校几乎都是同地域内、同行业内最好的高校。这些教育部直属高校，不仅会优先受到教育部在政策、经费等方面的支持，而且由于其对省域的贡献会享受到省部共建的支持。虽然省部共建也包括教育部与各省共建的地方高校，但是无疑共建直属高校的经费与重要位置是远远排在共建地方高校之上的。这样其获取的资源途径、数量进一步扩大，强者更强，生态位大大高于地方院校的生态位。

（3）按地域划分。当前国内高等院校的地区布局虽然仍不太合理，比如过于集中于东部地区，过于集中于省级中心城市等，但是总体来说是比较稳定的。以后像 20 世纪 50 年代全国范围内的院系大调整的可能性是不会再有了。20 世纪 90 年代末高校之间的合并运动也多只是在一个城市之内进行，基本上没有出现跨地区的调整与合校问题。另外，高校为了改变生存状况采取的异地搬迁行为，以后也会遇到更多的障碍。所以我们对大学的区域生态进行比较时会将其划分为三个方面：一是发达地区与不发达地区；二是省域范围内；

三是同一中心城市内。经济发达地区高校，其生态环境要好于不发达地区的高校。经济发达地区由于资金充足，社会需求与高等教育的结合更加紧密，布局更加合理，学校数量多，类型也更加丰富多样。而不发达的地区，高校的数量少，类型少，布局相对集中，师资流失严重，生源的范围小，教育质量也比发达地区差。经济不发达地区的高校在发展定位中往往有种有心无力的感觉。

除了75所教育部直属高校之外，绝大多数高校归省级政府管理。虽然也可以说所有的高校都脱离不了教育部的管理，但是随着省级地方政府管理大学的权力越来越大，管理学校的数量越来越多，省内的高校也开始分层，目前各省都形成了一个相对完整的高等教育体系。既然是省属院校，就要为各省的经济社会发展服务。以招生为例，本地生源通常会占招生计划的多数比例。这同时也为高校的腹地建设画了一个圈。圈内有激烈的生源竞争、科研项目与经费竞争等，因此高校必须要重视省内的竞争对手。高校在考虑学科、专业、综合排名在全国的位置时，也不得不重视其在省内高校中的位置。

中心城市是高校集中的地区，尤其以省会城市最为明显。据教育部2009年公布的数据，除去成人高校和民办高校，北京(81)、上海(61)、西安(52)、武汉(45)、天津(45)、重庆(43)、南京(38)成为全国高校最为集中的七大城市。省会城市不仅高校数量众多，而且是高水平大学的集中地。如此多的高校扎堆于“狭小”的空间内，既有利也有弊。有利的因素是资源可以共享，可以起到集聚效应。不利的因素是会相互挤占办学资源，尤其是学校类型与服务方向类似的高校。弱肉强食这个词也适用于同城大学之间的竞争。合并，是强势大学想吃掉对手壮大自己的冲动，并不是弱势大学傍大款的理想。竞争还是合作，如何竞争及如何合作，是同城大学之间必须要面对的事。

(4) 按学科特色划分。区域是“块”，学科是“条”。20世纪90年代末高等教育管理体制改革的主要目的之一，就是要取消长期以来行业办学与二级管理体制之间的矛盾与冲突，即解决“条块分割”办学的弊端。虽然行业不再办学，这些高校的名称改了，办学方向也由原来的专门服务于行业而转向服务于地方，但是多年来积淀的行业办学文化与特色短期内不会消失，尤其是行业学科特色，更不会被这些学校所丢弃，反而会成为这些院校立足于“地方”高教生态的根本，成为学校上层次、上水平的突破口。这是与当时行业院校的区域布局相关的，当时的行业院校多布局在资源城市，布局相对合理。另外，在有“第二政府”称号的各行业协会的组织与串联下，行业特色院校目前仍然保持着既合作又竞争的关系。由于行业协会的影响力有限，且往往只有政策而没有经费的支持，各行业院校之间竞争开始大于合作。它们争夺资源、整合资源的舞台由于缺少行业部委的指导而变得更大。一些原来行业部委办学下形成的院校实力格局，在体制改革十年来开始发生变化。或者说是行业院校之间的实力差距在缩小，使本来稳定的格局现在变得松散和不确定。以“诸侯争霸”形容目前行业院校之间的竞争状况并不为过。另外，即使是综合性的大学，其学科也不是齐头发展的，而是有重点与非重点之分。在学校总体目标的指引下，不同的学科会发挥不同的作用与功能，既要有提升学校“晕轮效应”的主干学科，也要有提升学校整体素质与内涵的支撑学科。

（三）我国大学的生态位测量

一般通过计算生态位宽度、生态位重叠度、生态位分离度等指标测度生态位。其中生态位宽度与生态位重叠度最为常用，被用来描述一个物种的生态位以及物种生态位之间的关系。

(1) 生态位宽度。1965 年，Van Valen 定义生态位宽度为“在有限资源的多维空间中为一物种或一群落片段所利用的比例”；Levins (1968)将生态位宽度确定为“任何生态位轴上包含该变量的所有确定为可见值的点组成部分的长度”。可见，生态位宽度是指任何一个生物或生物单位在生长过程中综合利用资源的能力，表征了在生物竞争中的竞争水平。如果实际被利用的资源只占整个资源谱的一小部分，那么这种生物具有较窄的生态位；如果一种生物在一个连续的资源序列上，可利用多种多样的资源，它具有较宽的生态位。一般来说，在资源少的情况下，生态位宽度一般应该增加，促使生态位的泛化(generalization)，而在资源丰富的环境里，可选择性大，可导致选择性的采食和狭窄的食物生态位宽度，生态位宽度减少，促进生态位的特化(specialization)。因此，通常泛化意味着具有较宽的生态位，而特化则意味着具有较窄的生态位。①

生态位宽度一般采用 Levins 提出的 Shannon-Wiener 指数公式计算：

$$B = 1/\sum p_{ij}^2 = \sum N_{ij}^2 / N_T^2 \tag{4-1}$$

在公式(4-1)中，N_{ij}是物种 i 第 j 个资源位中的个体数；N_T 个为总资源中的个体总数。该公式的测定结果在很大程度上取决于所考虑的资源种类的多少。生态位宽度值的大小反映了个体或种群在相应空间中的地位和作用，生态位宽度越大，说明它对环境的适应能力就越强，对各种资源的利用就较为充分，而且在环境中往往处于优势地位。

我国大学可以利用的资源种类较少，生态位宽度值较低，造成了生态位窄化的现象，也直接造成了大学不合理的办学定位现象的发生。首先，我国大学的办学经费来源途径较单一，多来自于政府的拨款，来自于社会其他途径的较少。绝大多数学校的自我筹资能力也较弱，不像国外的大学其办学经费中的大部分来自于社会的各类捐赠。在生态位窄化的状况下，大学要想方设法扩大自己的生态位宽度。其次，我国政府对于大学的拨款机制引导了大学的办学定位。以 2008 年《财政部、教育部关于完善中央高校预算拨款制度的通知》(财教〔2008〕232 号)为例，它规定了“核定公用经费和人员经费基础标准分别为 3000 元/生和 4000 元/生”。这种以生源多少拨款的机制一定会造成大学规模的扩大。虽然有些少数高水平的以科研收入为主的学校可以忽略这块经费，但不能排除大多数的高校有扩大办学规模的冲动。所以，办学规模成为高校定位的一个主要内容。第二块经费，按学科设置公用经费学科折算系数。即按照高等教育本科教学 11 个大类学科设定不同档次的学科折算系数，对不同专业确定不同的公用经费定额标准，体现不同专业办学成本的差异。这时，大学就会想方设法扩大学科门类。要么引进高水平人才建设新学科，要么进行校内的人才整合“创造”新学科。总之，会引导大学向综合性大学的定位方向发展。还有一块是机动经费，按照学校办学投

① 赵维良. 城市生态位评价及应用研究[D]. 大连：大连理工大学，2007.

入产出的绩效来确定拨款的数额。这些经费要用课题申请、各类评估、评奖及各种项目建设来划拨。这就带来了高校之间的竞争。高水平的大学往往会获取更多的经费。一些教学型的高校也要尽力地分一杯羹，鼓励教师进行课题申报，甚至把教师的课题申报当作学校行为来统一布置。再以“211 工程”和“985 工程”建设为例，1995～2006 年，共投入 370 亿元完成了“211 工程”前两期建设；最先进入“985 工程”一期的 9 所高校，每个高校都获得了 10 亿元以上的财政拨款。以投入产出的绩效来拨款，其出发点是好的，可以使拨款的机制更加灵活，可以增强拨款的目的性，但是由此而来的，大学的趋高定位不可避免。综上所述，要拓宽大学的生态位，还需要在资源获取的途径上下功夫。只有来源途径多样化了，大学办学的多样化才会实现。

(2) 生态位重叠。生态位重叠(niche overlap)是生态学最重要的概念之一，在生态竞争演化分析中占有中心位置。Hurlbertt (1978)认为生态位重叠为同一物种在同一资源位上的相遇频率，也就是两个物种(生态元)共同占用同一资源而出现的情况。如果在资源有限的情况下，随着重叠的维数增加，包括在资源维、时间维、空间维上重叠程度的增大，竞争就越激烈，如果在所有维上都出现了重叠，那么必然会有一方被淘汰或出现生态位的分离。① 生态位重叠是竞争的必要条件但并非充分条件，竞争与否决定于资源状态；当资源贫乏、供应不足时，只要生态位稍有重叠，就会产生激烈的种间竞争。②

计算生态位重叠的方法与计算生态位宽度的方法一样，主要是基于对资源分割的分析。生态位重叠计算一般选用 MacArthur 公式；

$$O_{ij} = \sum_{a=1}^{n} p_{ia} p_{ja} / (\sum_{a=1}^{n} p_{ja})^2 \qquad (4\text{-}2)$$

公式(4-2)中的 O_{ij} 代表物种 i 和物种 j 的生态位重叠；p_{ia} 和 p_{ja}

① Hurlbert S H. The measurement of niche overlap and some relatives[J]. Eeology, 1978,59(1):67-77.

② 赵维良. 城市生态位评价及应用研究[D]. 大连：大连理工大学，2007.

分别代表物种 i 和物种 j 对资源 $a(a=1,2,\cdots,n)$ 的利用部分，或者说是物种 i 和物种 j 利用资源 $a(a=1,2,\cdots,n)$ 的个体数。生态位重叠值的取值范围是 0→1，0 表示生态位完全分离，1 表示生态位完全重叠。①

生态位的窄化还会导致我国大学的生态位重叠现象。即由于资源来源途径的单一，使得许多大学的定位目标是相同的，造成了大学办学定位的趋同现象。当前我国大学生态位重叠现象可由图 4-1 表示。曲线 B 在曲线 A 内，表明 B 校生态位在所能获取的资源方面所有的维度与 A 校完全重叠，其办学的水平与影响力完全被 A 校所包容。曲线 C 与曲线 A、B、D 都存在着一定的重叠。从图 4-1 中可以看出：① A 校与 B 校是同一区域内两所办学定位完全相同的高校，B 校的生态状况就会不容乐观。从发展的角度，要么被 A 校所合并，要么进行生态位的位移与脱离。例如，如果同一城市内有两所师范院校，一个是专科层次，一个是本科层次，从发展的角度，专科的师范院校除非转变办学方向，变成非师范院校，否则最终会被本科的师范院校所合并。② 我国的绝大多数高校都会有生态位重叠的现象。例如，我国的大学长期以来在办学层次上有"五脏俱全"的现象，即越是高水平的大学，其办学层次越全，从研究生到专科生，再到成人教育与自考。近年来这种情况有所好转，本科院校一般不再办专科层次的教育，但在新建本科院校中仍有此现象的存在。再如，高水平大

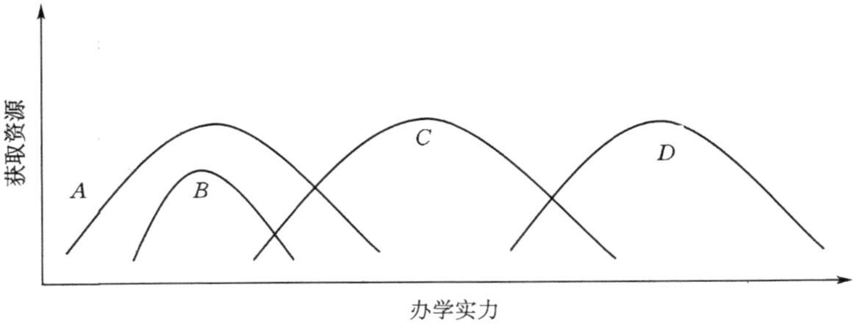

图 4-1 大学生态位重叠状态

① 王兴元.品牌生态位测度及其评价方法研究[J].预测，2006(5).

学办三本院校(独立学院),与民办院校争夺资源,对同区域内的民办院校影响很大。③ 办学实力越强的高校,其生态位的宽度就越大,而其重叠度越低。相反,办学实力弱的高校,其生态位越低,与其他大学生态位重叠的程度越高,其竞争就会更激烈,办学定位也就越难。这和我国大学办学层次上分类的金字塔结构也是相吻合的。因此,同地域同层次的高校,其生态位的重叠程度高,其在定位中的竞争也会很激烈。

三、大学生态定位中的竞争与博弈

(一)大学之间的竞争不可避免

为了追求持续的发展,任何组织都面临着外部的竞争。从总量上来看,高等教育资源是一种有限的、稀缺的资源。从"切蛋糕"的角度,大学之间在获取资源方面是存在着竞争关系的。只不过在计划经济时代,这种有限的资源被政府完全控制和分配,大学之间的这种竞争关系被有意识地遮盖住了。同时,作为非完全独立行为的主体,计划经济时代的大学也基本上没有什么竞争的欲望。① 如前文所述,随着大学办学自主权的扩大,大学之间的竞争意识在增强。大学之间的竞争存在于大学办学的各个方面之中,从理念到实践,从人才培养到科学研究与社会服务等。从定位的角度,没有哪个学校不想在同层次、同类型的高校中拥有一定的话语权。无论竞争还是合作,都是大学因环境而异作出的博弈选择。

区域高等教育系统内,当前绝大多数大学生态位之间都有重叠现象,完全重叠或完全分离的状态都是不存在的,大学之间已不可能仅仅作为个别的、分散的、孤立的个体形态存在。有重叠就会有竞争,但是竞争也是要有策略的,低水平的竞争与恶性竞争是不利于学校的持续发展的。大学之间也需要有合作,当然合作的最终目的还是提高竞争力。竞争与合作就像是一对孪生兄弟,你中有我,我中有你,是相互包容的关系。既要在竞争中看到合作,也要在合作中看到

---

① 别敦荣.论我国大学的经营[J].清华大学教育研究,2007(6).

竞争。竞争是为了整个高等教育系统的良性发展,合作是为了高校之间的协同发展,是壮大办学实力的选择,是为了今后更好的竞争。

因为定位具有战略的意义,所以大学定位概念中的竞争是有目的的。大学之间的定位博弈一定会发生在同层次、同类型、同地域之间,这是因为大学在选择定位参照物时一定要有可比性。例如,“985工程”大学在定位时不会选择高职院校作为参照。这是因为两者的生态位基本上没有重叠之处。而同层次高校的一举一动就会牵动着彼此的神经。如清华与北大的招生之争,两者都想在这个方面引领全国。因为两者在生态位上有重叠,在资源获取及社会声誉方面两者有竞争关系。如行业院校,由于都是为某一行业服务,学校之间在专业知识合作的基础上,会展开对于行业办学资源的争夺,而服务于不同行业的院校对此就不会有太大的冲突。至于同地域之间的大学,定位博弈的结果其实就是一个金字塔式的定位结构。高水平的大学居于金字塔的顶端,享受最优质的资源,拥有最好的社会声望。当然地域可大可小,大到整个世界、整个国家,小到一个省、一个城市。每个范围都有一个高等教育系统。学校的层次越高,其腹地就越大,其博弈的地域范围就越大,反之亦然。从博弈的角度,范围越小,其博弈的现象越是明显。如果恰巧两个学校同属于一个层次、一个类型、一个区域,其定位博弈现象将会非常明显。

(二)大学生态定位中的竞争策略分析

迈克尔·波特提出了影响产业发展的五种竞争因素:公司间的竞争;新公司进入市场所带来的威胁;使用替代品或替代服务的可能性;供应商的讨价还价能力;买方或顾客的议价能力。① 曹健借用迈克尔·波特的思想认为影响高校发展的竞争因素主要包括:① 来自其他现有同类高校的竞争;② 新增加的同类高校带来的竞争;③ 替代性的教育供给和教育服务的存在;④ 受教育者及其家庭的教育需求、择校倾向以及招生的政策;⑤ 社会的就业结构和劳动力市场的需求状况。② 前面已经论述,现有同类高校的竞争是全方位的,而且

① [美]海因茨·韦里克,哈罗德·孔茨.管理学——全球化视角[M].北京:经济科学出版社,2004:93-103.

② 曹健.高校发展战略选择的影响因素[J].南京社会科学,2010(12).

越来越激烈,在此不多叙。新增加的同类高校带来的竞争需要引起我们的关注。例如,近年来新增加的高校数量很多,从 2000 年的 1041 所到 2010 年的 2035 所,平均每年增加约 100 所。这些大量增加的新建普通高校给原有的高校带来了压力。民办高校与国外高校的进入,也对现有高校生态系统带来了冲击。目前民办高校与国外高校的数量与实力都还较弱,但是其管理效率与办学理念一定会引起大学制度改革的"鲶鱼效应"。2016 年 12 月,浙江西湖高等研究院揭牌并投入使用,其定位是"创建一所民办的、研究型的、有望在相对较短的时间内成为世界一流的小型综合大学"。替代性的教育供给和教育服务主要是指网络与教育培训等各种能让人们接受高等教育训练的形式,虽然其还算不上是"大学",但由于其挖走了高等教育资源的部分蛋糕,会促使大学之间竞争更加激烈。所以,大学的定位目标一定是动态的,它要依据环境的变化及大学的策略变化来调整自己的办学策略。

大学之间的博弈行为分析远较其他组织复杂。这是因为它们目前虽然法律上是但实际还不是一个具有完全独立行为能力的组织。我们正常分析主体之间的博弈行为,通常会寻求其纳什均衡解,然后在这一均衡解下,提出让双方都会获利的帕累托最优策略。实际上,由于博弈主体之间的过度逐利行为,博弈很难达到理想中的均衡,即一定会有成功者和失败者。作为失败一方的决策者理应对博弈的结果负责,但是由于我国的大学目前在监督与问责方面还缺乏相应的机制建设,所以大学的决策者在缺少约束力的情况下往往会做出一些比较草率的决策。

仍以办学规模的博弈为例,我们在前面论述了大学与政府在此方面的博弈,现在分析大学与大学之间在此方面的博弈行为。在国家的扩招政策下,一些大学在与政府的博弈中看到了扩大办学规模及其带来的后续的利益,如新校区建设、负债办学等,开始了大规模的扩张行为。其他大学因为担心不扩张就会被对方拉开差距,也会采取扩张行为。事实证明,盲目地扩张与大规模负债会严重地影响大学的办学质量。高校之间的博弈模型如表 4-1 所示。

表 4-1　　大学与大学之间关于是否扩张的博弈局势

		A 大学	
		扩张	不扩张
B 大学	扩张	1,1	3,－1
	不扩张	－1,3	2,2

假设:(1) 大学的扩张是片面注重规模效益的盲目扩张;

(2) 大学在不扩张的情况下会采取加强办学内涵的行为。

分析:(1) (1,1),高校都采取扩张行为,得到基本的收益为 1。

(2) (3,－1),B 校扩张而 A 校不扩张,B 校会得到因为扩张而带来的利益,其得数为 3;而 A 校因改革见效慢,相对于 B 校其利益会减少,故得数为－1。

(3) (－1,3),其原因如(2) 。

(4) (2,2),高校都不扩张,都注重内涵建设,其得数均为 2。

可以看出,A、B 高校都扩张,其综合效益会比都不扩张要小,因此其扩张的博弈行为不可以看作是一个正和博弈,而是一个负和博弈。而正是在这样的负和博弈过程中,我国的大学发展表面繁荣,招生规模以万计,校园面积以千亩计,负债以亿计,等等。其实大家心里都很清楚,近年来高校的投资又有多少真正用于人才培养、学科建设等内涵建设上呢?这样的建设是一种透支未来的建设,这样的决策不是一个可持续发展的好决策,但正是由于决策者的问责与惩罚机制没有建立起来,类似这样的决策行为还会不断地在我国的高等教育系统内上演。

再来看现实中的案例。山东大学创建于 1901 年,是继京师大学堂之后我国第二所国立大学,是一所历史悠久、学科齐全、学术实力雄厚、办学特色鲜明,在国内外具有重要影响的教育部直属重点综合性大学,是国家“211 工程”和“985 工程”重点建设的高水平大学之一。山东大学 2010 年招收本科生 10350 人,是国内所有大学本科招生最多的学校。2010 年底各类全日制学生就有 6 万余人,有专职教师 3700 余人,生师比在 16∶1。同是国内一流的研究型大学,山东大学为什么没有像中国科学技术大学等学校那样采用小而精的人才培养方式呢?其原因除了我们前面论述的高等教育大众化洪流下政府政策的压力及引导外，从大学之间竞争的角度分析，山东大学的此举有建一省"巨无霸"大学的心理。无独有偶，目前国内"一省独大"的大学还有一些。例如，合并后的浙江大学也是一省独大，吉林大学、四川大学等招生规模排名全国前列的学校也是一省独大。从生态位的角度分析，这种行为倒是理性的，因为可以牢牢地占据区域高等教育系统中的生态优势地位。但是，从另外一个角度分析，过高的生师比，是不是与其研究型大学的定位不太相符合呢？

（三）大学各安其位的内涵辨析

分析世界一流大学的历史可以发现，它们都能够合理地处理自己的生态位问题。例如，加州理工学院从 1891 年创办至今始终坚持只办理、工两科，从不追求所谓文、法、理、工、医、农等学科的齐全，在办学规模上也不追求数量，在校生多年来都保持在 2000 人左右。学科单一和规模偏小并没有妨碍加州理工学院成为世界一流大学。[①] 再如，美国的斯坦福大学曾打算建立建筑学院，但考虑到建立建筑学院必须同时发展建筑学、土木工程等 4 个专业，这必须有很大的投入，同时该校附近的伯克利大学已有一个相当好的建筑学院，因而取消了这个计划。[②] 事实证明，斯坦福大学的选择是明智的。知己知彼，扬长避短，正确定位，与强大的竞争对手在生态位的相分离，才能共存发展。在我国高等教育资源相对贫乏、高校办学资源普遍不足的今天，大学的生态位重叠，将会给大学的发展带来巨大的竞争力和增加无形的压力。生态位理论给大学的定位有两点重要启示：① 特色发展——大学定位要尽量减少生态位重叠。生态位理论强调的是一种趋异性进化。物种在同一生态位争夺有限资源，不如通过改变自身来开拓广泛的资源空间，去利用尚未开发的资源。这为高校的特色发展提供了理论支撑。② 谋求上位——不断拓宽生态位。生态位理论强调的是个体自身不断进化，通过进化来提高自身生存能力。只有自身的生存能力增强，才能很好地应对外部环境变化。高校在定位上的博弈实际上就是办学实力上的博弈，只有自身的实力增强了，才会在博弈中占据主动地位。

---

① 刘献君．大学发展定位问题笔谈[J]．高等教育研究，2003(1)．

② 娄俊颖．我国高等学校发展定位的策略研究[D]．长春：东北师范大学，2006．

我们在谈及大学定位存在的主要问题时，很多人把矛头指向了低层次大学的盲目趋高定位。“是专科的纷纷想升本科，无博士点的都想获得博士学位授予权，等等。”在文献综述的分析中，我们已经论述，趋高行为符合大学定位的特征。如果仅仅把它看作是不安于其位而严加管制的话，我国的大学生态将会失去活力。随之，大学趋同定位现象也会更加明显。“各就各位”对于一所发展中的大学而言，只是一时一地的事，一旦条件成熟，大学便不会再安于其原来的位置，而是要寻求更高目标的定位。所以，我们在论述大学的定位时，趋高并不是大学不安于其位的主要矛盾，而趋同才应是我们关注的焦点。

我国大学定位趋同的生成机理主要有两点：一是横向上的趋同。学科上有向综合性大学发展的趋势。自1952年院系调整后，我国的大学长期以来是强调学科与行业特色的，单科性的专门化学院很多，有少数文理科大学，也并非真正意义上的综合性大学。随着经济的发展与管理体制的改革，大部分高校开始依据自己的方式向综合性大学发展。工科学校加强文理专业，文理科学校增加工管专业，师范类的学校增加非师范专业，等等。时间等不及，合并来解决。这样，大学都向文、理、工、管等综合性大学发展。周远清认为，这种“综合型大学定位”的模式除了增加学科门类和招生规模外，很难达到理想的效果。① 二是高水平大学“下行”造成的趋同。学术型大学抢占应用型大学的资源，在“多元化办学”策略下有“趋低”的现象。一些本应由应用型大学完成的任务，学术型大学也来抢占，使得应用型大学的特色与作用得不到彰显，利益得不到体现，从而“逼迫”应用型大学的“盲目趋高”发展，扰乱了整个高等教育生态系统。

我们用流水理论来解释这一现象。在没有外在动力的作用下，水不往高处走，专向低处流。它会利用一切可以利用的地势条件，漫过原野，合并其他小的河流。在水流动的过程，资源不断地被消耗。如果后续水源充足，它会最终流入“大海”，如果后续水源不足，它一定会消耗殆尽，不知所终。这样的流动并不符合大学的特征。大学是人类文明的高原、人才的高地，是科学领域中的一座座山峰与高

① 周远清.高等教育体制的重大改革与创新[J].中国高等教育，2001(1).

地。所以大学在进行定位时,一定要想方设法让资源向高处走,而不是向低处流。向低处流是容易的,向高处走是艰难的。要想让大学避免这种横向与下行的定位,外在的动力与机制不可避免。也就是说,自生秩序并不能完全解决大学定位的问题,政府的监管与社会的监督必不可少。

对于如何解决大学定位趋同现象,多数学者认为关键在以特色立校。但是怎么才能特色立校呢?多数学者认为,各类高校都要抢抓机遇,各安其位,有所作为。重点大学不应把理应承担的精英教育降为大众教育,一般高校也不应该盲目“拔高”自己。伯顿·克拉克曾经断言,“实施高等教育的最差的办法就是把所有的鸡蛋都往一个篮子里装——高等教育最忌讳单一的模式”①。

所以,大学既要特色发展,又要错位发展。特色发展是指在同一层次高校竞争的时候要以特色取胜。例如,同是“985 工程”高校,我们也不希望每个学校的学科类型与水平都是一样的,而是各有所长。错位发展是指不同层次的高校,没有必要都走研究型或大而全的发展道路,立足于本层次高校的实情与办学任务,与上一层次的高校错位发展。只有这样,才不会出现在同一个高等教育系统内集中抢夺同一高等教育资源的现象。这对上下两层的高校都提出了要求,对于研究型大学而言,尽量不要抢夺属于高职院校的资源;而对于一般的普通本科院校而言,也不要盲目地提出要走研究型大学的道路。错位发展不排斥特色发展,即每一个层次高校都要各有特色。

除大学自身的觉悟外,对于政府而言,首先要调整政策导向,让每一种类型的高校在办学模式的选择上都有精英与大众的选择空间。只有这样,每一类型的高校内部才会有层次。也只有部分应用型本科院校、部分高职院校走精品化办学之路,不同类型、不同层次高校之间才会流动起来,使整个高等教育系统处于动态的、竞争的循环之中。其次应该从改变教育资源的配置方式上入手,通过调整制

① [美]伯顿·克拉克.高等教育系统——学术组织的跨国研究[M].王承绪,等,译.杭州:杭州大学出版社,1994:307.

度、政策和资源配置方式引导学校向所希望的方向发展。① 大学排行榜的问题，我们前面论述过，把各类高校放在一个排行榜里，用一个统一的标准是不合适的。这显然是将“所有的鸡蛋装在了一个篮子里”。另外，名次问题并不能反映大学的办学内涵问题。用排名的高低将大学的层次划分为研究型、教学型、应用型等也是不合适的，容易误导人们对高职高专院校的歧视，也容易造成对研究型大学的盲目崇拜。笔者建议用精英或大众的概念对其进行第二次分类。例如国家级示范高职院校的定位一定要走精英化的路线，在应用型人才培养与应用技术研究上能够引领全国，并尽量向世界一流的标准看齐。

① 张彦通.高等学校定位与高等教育定位之间的关系[J].北京教育(高教版)，2006(7).

第五章　大学定位的模型及特征

到目前为止，我们已经分别完成了对大学定位有直接影响的三个主体的探讨。从某一所大学办学定位的角度，这三个主体对于大学定位的本质及其相互博弈的机理如表 5-1 所示。

表 5-1　　外部评价之于大学定位的本质与机理

主体类型	定位的本质	定位的机理
政府	管理定位	权力与自主
社会媒体	监督定位	需求与投机
大学同行	生态定位	竞争与合作

从表 5-1 中可知：① 政府主体的定位是一种管理语境中的定位，是以权力为中心的定位，大学所拥有权力的多少决定了大学的定位期望。② 社会主体的概念过于泛化，我们选择了能够代表社会大众对大学办学进行评价与监督的大众媒体，它们对于大学的排名是社会主体对于大学进行定位最直接、最客观的反映，也能影响社会大众对于大学的需求与消费心理。由于目前还没有国家主导的、权威的、完全公益性的大学排行榜，大学与之展开了相互需求又不可避免的投机行为。③ 大学同行主体之间的定位是生态定位，生态位重叠的高校为了获取资源展开了激烈的竞争。竞争中也有合作，但合作是为了获取更大的竞争力。大学在办学定位的实践中，一定要在恰当的环境、恰当的时间寻找与上述三个主体之间的平衡点。否则，其定位可能会与政府的定位相冲突，甚至会超越政府办学所设定的种种"红线"；可能会与社会大众对大学的需求不相符，而得不到社会大众的支持，不能获理想的生源及其他资源；可能会与其他大学展开所谓的恶性竞争，被迫产生生态位的分离与位移现象。所谓的大学定位的

主要问题，其实就是这种平衡点难以把握的问题。这就需要我们有意识地把这三个评价主体“撮合”在一起，来寻找这三者之间的关系。

一、大学定位的三维超体积模型

在前面分析的基础上，我们在本章尝试用模型与实证的方法，既为了进一步探索也为了验证。建立“模型”已经成为现代科学研究的一种常态方法，社会科学研究中也大量应用。究其实质而言，“模型”就是一种复杂的类比综合体，是用来表达、描述和研究某一事物结构、性质和规律的手段。建模就是寻找彼此之间的关系与规律。在经济学与管理学的研究中，一提起模型大家就会自然地想起各种各样的数量模型。大学定位问题的模型研究并没有前车之鉴。鉴于数据收集的关系，我们在此先建立一个描述性模型和图解模型，以此对大学定位三个主体之间的关系及其对大学办学定位的影响进行直观的描述，为下一步的实证研究奠定基础。

借鉴的模型并不是来自于管理学，而是来自于生态学。现在越来越多的学者赞同借用其他学科的模型来研究经济与管理问题。如肖湘军认为：“我决不认为只有经济学模型是最好的研究产业集群的工具，因为对一个问题或现象的认识，只是一个逐步‘逼近真理’的‘证伪’过程，单纯依靠一个学科或者一套工具是不现实的，只是夜郎自大。如果经济学真正那么‘放之四海而皆准’，那么，为什么东方的政治经济学和西方的‘庸俗经济学’都没有解决 10 亿农民甚至 280 万大学生的就业问题？”①借鉴生态位的模型也是与我们前面所论述的大学定位是“高等教育系统内的生态定位”相一致的，因为在高等教育系统内政府、社会媒体与大学同行共同决定了某一所大学的生态位。这个模型就是哈奇森（Hutchinson）的“多维超体积”生态位模型。

哈奇森 1957 年第一次对生态位给予了比较严密的数学定义。他认为，在研究一个物种的生态位时，假定物种 S_1 在一个有限的空间内生存和繁殖，这个有限空间是代表 2 个维度以上的环境变量或与

① 肖湘军. 关于产业集群研究的数理模型[EB/OL]. http://www.globrand.com/2009/216318.shtml.

物种串联的生态因子，即 $X_1, X_2, \cdots, X_n, S_1$ 存在于 X_1 到 X_n 的范围内，每一个维度上的一个点都有相应物种在允许的环境状态上存在，物种存在的范围或区域形成了一个 n 维超体积(n-hypervolume)，这个 n 维超体积可以定义为物种 S_1 的基础生态位(fundamental niche)。物种的生态位就可以看作是这个抽象的 n 维空间超体积的点的集合。① 依据这样生态位的定义，生物物种存在的 n 维空间超体积包含了与该物种有关的所有生存和生殖需要的全部条件，生物物种在这个"点集合"中能够生存和繁殖，但在实际中不是每个点都存在。我们把影响大学办学定位的三个主体看作是 3 个维度，3 个维度就构成了三维超体积模型(如图 5-1 所示)。在这个模型中，X 轴代表政府评价，Y 轴代表社会评价，Z 轴代表同行评价，U 代表大学自主定位的能量体。在 X、Y、Z 组成的三维空间中，U 的大小随着大学办学自主权的扩大而扩大，U 的位置随着 X、Y、Z 三者力量的影响而摆动。从这个角度来说，大学就是在政府、社会与大学同行的博弈中不断扩大自己定位的能量体。换句话说，能量体的大小代表着大学与外部评价者之间博弈实力的大小，大学定位的过程就是不断扩大能量体的过程。大学定位正确，能量体就不断扩大，反之则会缩小。能量体的位置代表着与各主要评价者的依存度。大学受谁的影响最大，能量体就会偏向于谁。

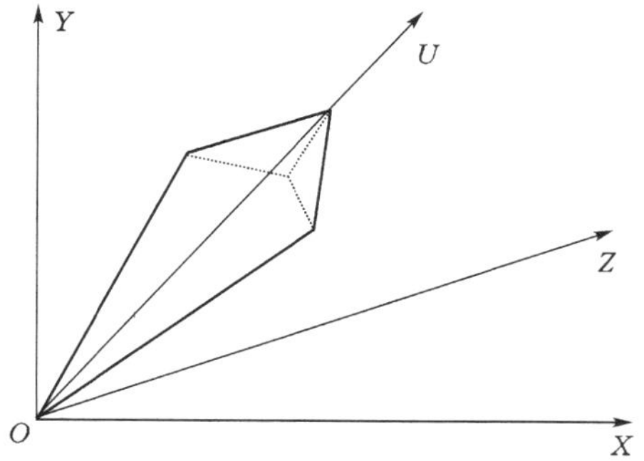

图 5-1 大学定位的三维超体积模型

① Hutchinson G E. An introduction to population ecology[M]. New Haven: Yale University Press, 1978.

下面结合这个三维超体积模型，进一步分析三个维度在大学定位中的作用及其机理，也是对前文在理论上的验证与直观描述。

（一）政府评价与大学定位（$X-U$）

政府用权力与经费对大学具有控制权，既资助大学并使其致力于人才培养、科学研究、社会服务等职能的发展与定位，又在管理上力图控制着大学的层次、类型与规模，使之朝着政府期望的目标方向发展，并形成一个稳定而有序的高等教育系统。在政府的控制之下，由于办学的自主权还不大，大学则采取了“上有政策下有对策”、先顺应后博弈的策略，为学校的发展获取最大的利益（如图 5-2 所示）。前文已经论述，政府往往会制定一些“一刀切”的政策，而大学则往往会做一些表面性的文章以功利性的行为来应对。虽然从某种意义上来说，大学的利益就是政府的利益，但随着大学办学自主权的扩大，从终极的目标来看，两者仍在追求一种利益上的均衡。

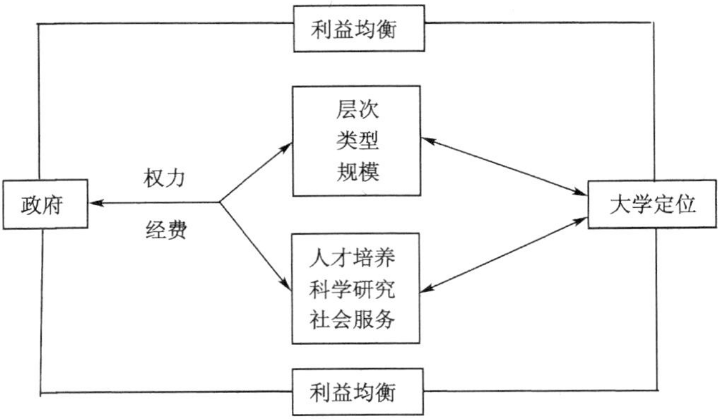

图 5-2 政府评价与大学定位的关系

（二）社会评价与大学定位（$Y-U$）

社会评价对于大学的定位是通过对大学排名进行的，其主要考察因素是大学在履行主要职能时的办学绩效如何。媒体的形象是代表社会大众对大学的办学进行监督与评价。它与大学的办学一样，都具有公益性的性质，但两者体现价值取向的方式是不同的。一般来说，大学围绕主要职能进行办学行为具有主观性、稳定性、长期性与滞后性，而媒体的排名评价具有客观性、时效性与不稳定性。媒体是主动方，而大学是被动方，如果对于媒体的行为不加以引导与制约的话，大学要么对抗，要么投机(如图 5-3 所示)。但是由于晕轮效应的存在，媒体与大学之间也是相互影响与作用的，媒体与大学之间的博弈是长期的、不断重复的。媒体需要不断地修订、完善指标体系，大学需要反思办学行为，因此从长期来看，两者追求的是一种价值的均衡。

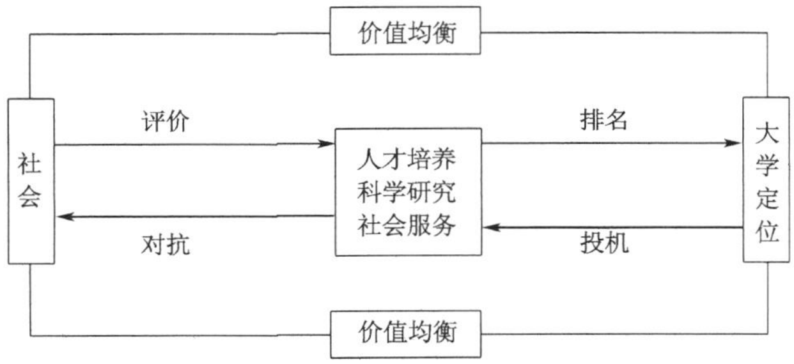

图 5-3　社会评价与大学定位的关系

(三) 同行评价与大学定位($Z-U$)

前文论述，大学定位时一定会在同地域、同层次和同类型的高校中寻找一个参照物(如图 5-4 所示)。大学与其参照物之间的竞争是全方位的，其共同的任务是努力拓宽自己的生态位，从而在竞

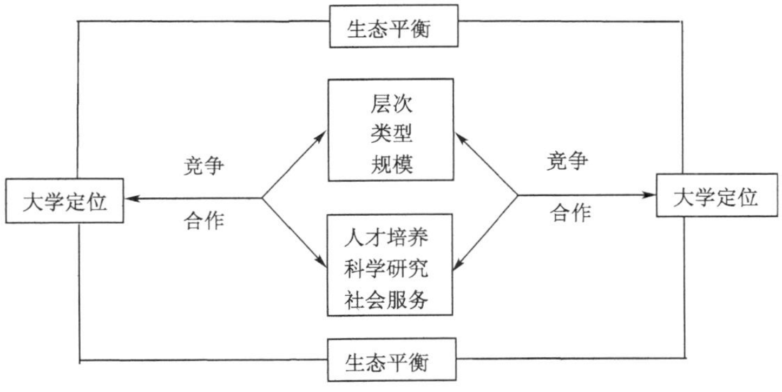

图 5-4　同行评价中的大学定位关系

争中获取更多的资源。从生态位的角度，大学之间要避免生态位的过分重叠，因此，竞争中还要有合作，合作是为了更好地竞争。竞争与合作最终目的是达到高等教育系统内大学之间的生态平衡，虽然这种平衡仅是理论上的平衡。

二、大学定位影响因素的调查与分析

尽管理论模型能够充分地描述不同主体对于大学定位的影响，但是在具体的大学定位实践中大学所采取的具体行为，我们还需要用一些定量研究的手段来加以论证。

（一）调查方法

(1) 调查范围的确定。选择大学校长、高教所或发展规划处的工作人员、高等教育理论研究的学者和在读博士生作为调研的对象，采用的是问卷调查方法，这是基于三个方面的考虑。

第一，大学校长是大学定位与制定发展规划的决策者，高教所或发展规划处的工作人员是我国关于大学定位研究的主力军，是为校长提供决策参考的“幕僚”，他们都是对于“大学定位难”的最直接的体验者，他们的意见或建议最具有参考价值。

第二，大学定位问题是高等教育领域内的一个难点与热点问题，绝大多数研究高等教育的学者对此都有涉及，相对于定位的实践者他们更能抛开现象看本质。

第三，笔者在大学的高教所工作，能够较方便地与上述被调研者联系，也较易获取一些“真实”的数据，从而保证调研的顺畅性以及测量结果的信度和效度。

(2) 问卷设计。问卷共设计问题 9 个，项目 33 项。其中被调研者的个人情况为选择和填空，其余部分为程度评价，每个指标均为 5 分制。由 1 分至 5 分分别表示认可的程度在上升，即 5 分的认可程度为最高，1 分为最低。问卷主要分为四个部分：

一是大学定位的认可度调查，包括被调研者对大学定位的理解程度，对本校定位的认可程度，及定位对本校办学的影响状况等。

二是影响大学定位的因素分析。从人才培养、科学研究、社会服务、规模、类型、层次等六个维度分析，每个维度设计了 2 个最主要的影响因素，共 12 个因素，试图找出对于大学定位实践来说最重要的因素是什么，以及各因素在定位中的重要作用是什么。

三是直接对政府、社会媒体、大学同行这三个主体进行考察，分析它们对于大学定位实践的作用，以及大学对于三个主体的博弈情况如何。

四是对大学定位的意义与作用进行考察，以便找出大学定位的决策者与研究的偏好程度。

(3) 调查样本的选取。在取样的过程中，采取了有目的地选送的方式，一是利用参与会议的机会，让与会的代表进行填写；二是采用信函的方式直接寄给被调查者。调查采用匿名的方式，但是为了研究学校的层次与类型对于定位的影响，让被调查者写出了学校的名称。调查共发出问卷 130 份，回收有效问卷 120 份，其中有效问卷 115 份。回收问卷中调查对象涵盖的学校有 80 所，全部为公办的本科院校，既有“985”层次的高校，也有新建的本科院校，既有综合型大学，也有行业特色明显的理工科院校，既有教育部直属高校，也有省属高校，基本代表了本研究范围内的所有院校类型。经统计，调查对象的情况如表 5-2～表 5-4 所示。

表 5-2 调查对象受教育程度

	人数	所占比例/%	累计百分比/%
专科	0	0	0
本科	21	18.3	18.3
硕士	59	51.3	69.6
博士	35	30.4	100.0
合计	115	100.0	

表 5-3 调查对象职称情况

	人数	所占比例/%	累计百分比/%
无	12	10.4	10.4
初级	5	4.3	14.7
中级	26	22.6	37.3

续表 5-3

	人数	所占比例/%	累计百分比/%
副高	38	33.1	70.4
正高	34	29.6	100.0
合计	115	100.0	

注：填“无”这一栏的多为在读的博士研究生。

表 5-4 调查对象从事的工作岗位情况

	人数	所占比例/%	累计百分比/%
行政管理人员	51	44.4	44.4
教学科研人员	49	42.6	87.0
在读研究生	12	10.4	97.4
其他	3	2.6	100.0
合计	115	100.0	

（二）调查问卷的信度与效度检验

（1）信度检验。信度是指问卷所衡量出来的结果的稳定性及一致性。即调查结果不受调查对象所处的情境或调查过程中无关变量影响的程度。一致性高的问卷是指在同一群人接受性质相同、题型相同和目的相同的各种问卷调查后，各衡量结果间显示出强烈正相关的问卷。稳定性高的问卷则是指一群人在不同环境下接受同样的调查方法时，结果差异很小的问卷。信度系数包括克朗巴哈(Cronbach)α 系数、折半(split-half)信度系数等，本书采用目前较为常用的 Cronbach α 系数。它首先对各个评估项目做基本描述统计，计算各个项目的简单相关系数及剔除一个项目后其余项目间的相关系数，以及各个潜变量(构念)的信度和整个量表的信度。其计算公式如下：

$$\alpha = \left(\frac{k}{k-1}\right)\left(1 - \frac{\sum S_i^2}{S^2}\right) \tag{5-1}$$

其中，k 为问卷中指标的数目；S_i^2 为所有样本在第 i 项指标上的方差($i=1,2,\cdots,k$)；S^2 为所有样本在所有指标上的方差($i=1,2,\cdots,k$)。

Cronbach α 系数在 0.7 以上，说明指标可靠性是可以接受的。经测算可知，本次问卷调查的 Cronbach α 系数为 0.79，大于 0.7，这说明该问卷调查结果的可信性较高。

(2) 效度检验。效度就是调查方法、手段和调查结果的有效程度，即调查方法及其所得资料的正确程度。从统计学上讲，效度也是指测量结果与某种外部标准（即效标）之间的相关程度。常用指标有：内容效度、预测效度、同时效度、构思效度、聚合效度与辨别效度等。我们使用内容效度来评定调查问卷的效度。其计算公式为：

$$CV=\frac{n_e-\frac{n}{2}}{\frac{n}{2}} \tag{5-2}$$

其中，n_e 为评判组中认为“某问题能很好地表示测量内容”的人数，n 为评判组内的总人数。通过随机抽取 30 位调查对象，向他们详细解释问卷内容后请他们进行判断，确定该调查问卷的问题与本研究所需测量的四个方面内容之间的密切程度。结果 25 位调查对象认为该调查问卷的项目很好地反映了所需测量的内容。根据相应公式，计算该调查问卷的内容效度 $CV=0.7$，这说明该调查问卷所获得的结果是有效的。

（三）主成分分析方法的基本原理

主成分分析方法（principal component analysis，PCA），是通过原始变量的线性组合，将多个指标化为少数互相无关的综合指标的统计方法，以使原始指标能更集中、更典型地表明研究对象特征。各原始指标之间往往会不同程度地存在着某种相关性，为避免原始指标信息重叠而降低效用，主成分分析利用降维方法，将原来的多个指标重新综合并构造几个新的综合指标。综合指标就是原来多个变量的线性组合，也叫作原来变量的主成分。该方法的优点是有利于研究者简化系统结构、抓住问题实质。

主成分分析法的一般模型可用公式(5-3)表示：

$$\begin{cases} Z_1 = p_{11}X_1 + p_{12}X_2 + p_{13}X_3 + \cdots + p_{1m}X_m \\ Z_2 = p_{21}X_1 + p_{22}X_2 + p_{23}X_3 + \cdots + p_{2m}X_m \\ \cdots\cdots \\ Z_m = p_{m1}X_1 + p_{m2}X_2 + p_{m3}X_3 + \cdots + p_{mm}X_m \\ Y = \dfrac{\lambda_1}{\sum\limits_{i=1}^{m}\lambda_i}Z_1 + \dfrac{\lambda_2}{\sum\limits_{i=1}^{m}\lambda_i}Z_2 + \dfrac{\lambda_3}{\sum\limits_{i=1}^{m}\lambda_i}Z_3 + \cdots + \dfrac{\lambda_k}{\sum\limits_{i=1}^{m}\lambda_i}Z_k \end{cases} \tag{5-3}$$

其中，$X_1,X_2,\cdots,X_m$ 为实测变量；$Z_1,Z_2,\cdots,Z_m$ 为主成分；$p_{ij}(i=1,2,\cdots,m;j=1,2,\cdots,m)$ 为因子载荷；Y 为预测分值；$\dfrac{\lambda_i}{\sum\limits_{i=1}^{m}\lambda_i}$ 表示第 i 个主成分的贡献率；k 是选择主成分的个数。

需要指出的是，因子载荷 p_{ij} 是第 j 个实测变量在第 i 个主成分上的载荷。载荷越大，说明第 j 个实测变量与第 i 个主成分的关系越密切，反之亦然。

本研究主要运用 SPSS 软件进行主成分分析。

（四）调查结果及分析

1. 大学办学定位的认可度调查及分析

由表 5-5 可以看出，在 115 份有效问卷中，41.7%的调查对象在接受调查前对大学办学定位一般了解，4.3%非常了解，只有 5.2%的人非常了解大学定位的内涵。在调查样本选择已经很具有针对性的前提下，这个结果表明，大学在办学定位实践中，还需要加强理论研究。只有理论水平上去了，才不会出现偏向，才可能不会犯定位实践上的主观主义。

表 5-5　　是否了解“大学定位”的内涵

选项	频次	比例/%	位次
1 不了解	5	4.3	5
2 一般了解	48	41.7	1
3 比较了解	36	31.3	2
4 很了解	20	17.4	3
5 非常了解	6	5.2	4
合计	115	100	

由表 5-6 可以看出，36.5%的调查对象认为自己比较了解学校的办学定位，5.2%的调查对象表示不了解。这个结果说明，当前大学都比较重视民主决策，在定位与规划的制定方面，能够广泛地采纳意见；也说明大学非常重视办学理念形成的宣传。这是值得肯定的地方。

表 5-6　　是否了解本校的办学定位

选项	频次	比例/%	位次
1 不了解	6	5.2	5
2 一般了解	15	13.0	3
3 比较了解	42	36.5	1
4 很了解	38	33.1	2
5 非常了解	14	12.2	4
合计	115	100	

由表 5-7 可以看出，在 115 份有效问卷中，29.6%的调查对象比较认可自己学校的办学定位，但也有 10.4%的表示不认可。经过位次 1 与位次 5 之间的对比，使用卡方检验可知，和设想的结果有显著性差异。这说明两个问题，一是理论研究与实践研究的人员在学校定位问题的认识上存在明显的差异，二是当前大学的定位实践现状不容乐观。

表 5-7　　是否认可本校的办学定位

选项	频次	比例/%	位次
1 不认可	12	10.4	5
2 一般	28	24.3	2
3 比较认可	34	29.6	1
4 很认可	24	20.9	3
5 非常认可	17	14.8	4
合计	115	100	

由表 5-8 可以看出，在 115 份有效问卷中，33.7%的调查对象很认可“理论与实践相脱节”的现象，4.3%的人不认可。这进一步验证了表 5-7 中反映的问题，也说明了大学定位研究在理论与实践的相结合上有着非常大空间等待我们去发掘。

表 5-8　是否认可大学定位存在着“理论与实践相脱节”

选项	频次	比例/%	位次
1 不认可	5	4.3	5
2 一般	18	15.7	4
3 比较认可	34	29.6	2
4 很认可	39	33.7	1
5 非常认可	19	16.5	3
合计	115	100	

从前面的理论研究我们也可以得知，大学存在着定位难的现象。从调查中我们进一步得知，大学的定位实践往往还得不到学者们的认可。之所以定位难，其原因在于：① 理论研究还有待于进一步深化，这既是大学从事定位决策与实践者的任务，也是高等教育理论研究者的职责；既要研究定位的科学性问题，也要研究定位的文本及如何让广大的教职工所接受的问题；② 实践上，定位目标的可操作性如果不强，会影响人们对于它的认可度；权威性不强，如果没有将定位的行为上升到一定的权威高度，也会影响其认可度；③ 理论与实践相脱节，即理论研究再深入，在实践中也会陷入各种利益的纠结中，最达成为一个妥协的看似满足各方要求但又会招致各方不太满意的定位与发展策略。

2. 大学定位的构成因素分析

在问卷中，我们根据大学定位的内容，即职能定位中的人才培养、科学研究、社会服务，和显性的层次定位、类型定位与规模定位等 6 个方面，每个方面找出两个影响其定位的最主要因素，共有 12 个要素，进行调查分析(如表 5-9 所示)。这样做的目的既为了验证，也为了找出在现实的定位实践中人们最看重的问题有哪些。在具体的定位实践中，人们的视线往往会被当前的某一两项问题所吸引，即定位具有即时性的特征，我们往往会把定位框定在一定的时间与空间之内。例如“十二五”规划中的学校定位与中长期发展规划中的定位，其内容就会稍有不同。如何既能保证遵循一般的规律，也要能够解决某一时间范围内学校发展中遇到的最关键的问题呢？下面采用主成分分析法对诸要素进行分析，试图找出学者们关注的主要构成因素。

表 5-9 大学定位构成及影响因素的指标分布

一级指标	二级指标
人才培养	是否具有招生自主权(X_1)，人才培养的类型与层次(X_2)
科学研究	科研经费的多少(X_3)，基础研究与应用研究的比例(X_4)
社会服务	学校的办学方向(X_5)，区域社会的经济与文化环境(X_6)
办学层次	学校的隶属关系及其行政级别(X_7)，是否是研究型大学及其倾向(X_8)
办学类型	特色学科的水平高低(X_9)，学科的综合程度(X_{10})
办学规模	规模的大小(X_{11})，规模的稳定(X_{12})

(1) 描述性统计分析

描述性统计分析主要是计算一些样本统计量。常用的样本统计量包括样本均值、中位数、最大值、最小值、样本标准差和 Jarque-Bera统计量等。对调查问卷中问题 2.5 的结果进行描述性统计分析，其相关统计特征数据如表 5-10 所示。在统计学中，均值反映一般水平，标准差反映差异程度。而 Jarque-Bera 统计量是用来检验一组样本是否能够被认为来自正态总体的一种方法，其计算公式如下：

$$JB=\frac{n-k}{6}\left[S^2+\frac{1}{4}(K-3)^2\right] \tag{5-4}$$

其中，S，K 分别表示偏度和峰度。在正态分布下，Jarque-Bera 统计量是服从自由度为 2 的 χ^2 分布。将调查样本各指标的 Jarque-Bera 统计量与 χ^2 表中数据对比，χ^2 值大于等于各指标的 Jarque-Bera 统计量的概率足够大(如表 5-10 的 Jarque-Bera 数据所示)，因此可以认为样本的确来自正态分布总体。这表明对调查问卷中的这些因素进行主成分分析是可行的。

表 5-10 大学定位构成因素的样本统计量

	X_1	X_2	X_3	X_4	X_5	X_6
均值	3.2522	3.6609	3.5913	3.5217	3.8783	3.0174
中位数	3.0000	4.0000	4.0000	4.0000	4.0000	3.0000
最大值	5.0000	5.0000	5.0000	5.0000	5.0000	5.0000
最小值	1.0000	1.0000	1.0000	1.0000	1.0000	1.0000
标准差	1.1305	1.2834	1.2059	1.0789	1.1094	1.2066

续表 5-10

	X_1	X_2	X_3	X_4	X_5	X_6
偏度	−0.2138	−0.6480	−0.5017	−0.4352	−0.7651	−0.2140
峰度	2.2773	2.3581	2.2943	2.5615	2.6629	2.1070
统计量	3.3785	10.0217	7.2113	4.5511	11.7633	4.6984
相伴概率	0.1847	0.0067	0.0272	0.1027	0.0028	0.0954
样本数	115	115	115	115	115	115
	X_7	X_8	X_9	X_{10}	X_{11}	X_{12}
均值	3.1043	3.1043	3.5478	3.5826	3.8696	3.1652
中位数	3.0000	3.0000	4.0000	4.0000	4.0000	3.0000
最大值	5.0000	5.0000	5.0000	5.0000	5.0000	5.0000
最小值	1.0000	1.0000	1.0000	1.0000	1.0000	1.0000
标准差	1.0292	1.1485	1.2012	1.1001	1.0803	1.2491
偏度	0.0329	−0.4716	−0.4485	−0.4691	−0.7874	−0.3150
峰度	2.3063	2.5780	2.2519	2.6822	3.1354	2.1151
统计量	2.3266	5.1166	6.5377	4.7008	11.9726	5.6538
相伴概率	0.3125	0.0774	0.0381	0.0953	0.0025	0.0592
样本数	115	115	115	115	115	115

(2) 构成因素的主成分分析

从表 5-11 可以看出,前 5 个主成分提取的信息可以达到84.5%,基本上可以达到要求。前五个主成分的载荷系数如表 5-12 所示。

表 5-11 各主成分的特征值与贡献率

	Y_1	Y_2	Y_3	Y_4	Y_5	Y_6
标准差	2.59427	2.26323	1.99412	1.74335	1.65701	0.63615
方差贡献率	0.21637	0.18876	0.16628	0.14541	0.13821	0.05302
方差累计贡献率	0.19637	0.40513	0.56141	0.70682	0.84503	0.89805
	Y_7	Y_8	Y_9	Y_{10}	Y_{11}	Y_{12}
标准差	0.54710	0.28714	0.19819	0.07961	0.06211	0.04808
方差贡献率	0.04563	0.02396	0.01653	0.00664	0.00518	0.00401
方差累计贡献率	0.94368	0.96764	0.98417	0.99081	0.99599	1.00000

表 5-12 第一至第五主成分的载荷系数

	主成分				
	Y_1	Y_2	Y_3	Y_4	Y_5
X_1	−0.017	0.266	0.438	0.398	−0.010
X_2	0.691	−0.119	0.237	−0.282	−0.159
X_3	0.448	−0.406	−0.267	0.026	−0.195
X_4	−0.047	0.611	−0.326	−0.353	0.352
X_5	−0.155	0.223	−0.187	0.604	−0.383
X_6	0.184	0.590	−0.093	−0.018	−0.043
X_7	0.553	0.208	0.229	−0.095	−0.290
X_8	0.264	−0.119	−0.306	0.284	0.610
X_9	−0.208	−0.071	0.594	−0.280	0.308
X_{10}	−0.004	0.619	−0.046	−0.155	−0.178
X_{11}	0.257	0.226	0.355	0.467	0.361
X_{12}	0.253	0.167	−0.217	−0.079	−0.100

由表 5-12 我们可以得出以下结论：

第一主成分的信息来自于第 2 个变量、第 3 个变量和第 7 个变量，即人才培养的类型与层次、科研经费的多少、学校的隶属关系及其行政级别。这反映了被调查对象在研究大学定位时对这三个方面的重视。同时也说明了以下情况：一是在人才培养方面，目前我国高校自主招生的数量还很少，效果还没有体现出来。这既需要政府扩大高校自主招生的权力，也需要高校加快教育教学改革，使所招收的学生能够按照自己的模式进行培养，提高教育质量。二是对科研经费数量的渴求大于科研结构的要求，即先提升科研经费的数量，至于基础科研与应用科研的比例问题要归于其次。三是学校的隶属关系及行政级别对学校的影响要大于是否是研究型大学及其倾向。这充分体现了人们对于我国国情的理解，大学的去行政化道路任重道远。

第二主成分的信息来自于第 4 个变量、第 6 个变量和第 10 个变量，即基础研究与应用研究的比例、区域社会的经济与文化环境、学科的综合程度。这说明了三个问题：一是当前大学定位中对于科研的重视。科研成果的水平代表着大学的办学水平，这也是与当前我国大学评价重视科研成果相关的。二是区域的经济与文化环境对学校定位影响很大。经济不发达地区的高校办学经费不足，人才流失现象严重，增加了大学定位的难度。三是人们对于学科综合程度的偏爱大于学科水平的追求。这与高等教育大众化背景下学校规模迅速扩张是有关的，也是与大学定位的盲目与趋同是相关的。

第三主成分的信息来自于第 1 个变量和第 9 个变量，即是否具有招生自主权、特色学科的水平高低。这两个因素在一起反映了高校对大学定位的理性追求，即特色定位是大学定位的重要体现。特色学科的水平代表着大学的话语权，招生自主权是大学权力的最直接的体现。任何一所大学都不会轻易丢掉自己的办学特色。

第四主成分的信息来自于第 5 个变量和第 11 个变量，即学校的办学方向、规模的大小。办学方向的重要性在于为谁办学和为谁服务的问题，这大概提供了两个方面的信息，或者说验证了两个假设：一是为精英高等教育服务的学校规模一般较小，为高等教育大众化服务的高校一般规模较大；二是办学面向的区域越小，越是在意办学的规模问题。

第五主成分来自于第 8 个变量，即是否是研究型大学及其倾向。研究型大学的概念自被引入我国以来，在国内高等教育界迅速地受到追捧，虽然依照美国的标准，我国很少有大学符合研究型大学的条件，但是向其靠拢，是我国当前大学办学定位的普遍心态。

综上所述，这 5 个主成分基本上代表了我国大学办学定位的主要构成因素。第 12 个变量没有引起人们的重视，显然与大学定位的即时性有关，即发展规划具有一定的时间范围。多数人还意识不到未来办学规模的波动会给大学定位带来多大影响，这也给我们提了个醒。虽然一级指标的划分有些生硬，造成了二级指标间的关系有重叠，但通过主成分分析，我们基本上清楚地看到了大学定位的关键点，为我们的大学定位实践提供了参考。

以上 5 个主成分的线性组合如下：

$$Y_1 = -0.017X_1 + 0.691X_2 + 0.448X_3 - 0.047X_4 - 0.155X_5 + 0.184X_6 + 0.553X_7 + 0.264X_8 - 0.208X_9 - 0.04X_{10} + 0.257X_{11} + 0.253X_{12} \quad (5\text{-}5)$$

$$Y_2 = 0.266X_1 - 0.119X_2 - 0.406X_3 + 0.611X_4 + 0.223X_5 + 0.590X_6 + 0.208X_7 - 0.119X_8 - 0.071X_9 + 0.619X_{10} + 0.226X_{11} + 0.167X_{12} \quad (5\text{-}6)$$

$$Y_3 = 0.438X_1 + 0.237X_2 - 0.267X_3 - 0.326X_4 - 0.187X_5 - 0.093X_6 + 0.229X_7 - 0.306X_8 + 0.594X_9 - 0.046X_{10} + 0.355X_{11} - 0.217X_{12} \quad (5\text{-}7)$$

$$Y_4 = 0.398X_1 - 0.282X_2 + 0.026X_3 - 0.353X_4 + 0.604X_5 - 0.018X_6 - 0.095X_7 + 0.284X_8 - 0.280X_9 - 0.155X_{10} + 0.467X_{11} - 0.079X_{12} \quad (5\text{-}8)$$

$$Y_5 = -0.010X_1 - 0.159X_2 - 0.195X_3 + 0.352X_4 - 0.383X_5 - 0.043X_6 - 0.290X_7 + 0.610X_8 + 0.308X_9 - 0.178X_{10} + 0.361X_{11} - 0.100X_{12} \quad (5\text{-}9)$$

（3）各主体对大学定位的影响分析

为证实政府（G）、社会媒体（S）、大学同行（U）等不同的主体对于大学定位的影响，并在所调查对象眼中寻找不同主体对大学定位影响的差异，本调查问卷设计了两组问题。问题非常直截了当，一是“各主体对大学办学定位的重要性或影响程度”，二是“大学在办学定位实践中与各主体进行博弈的价值与效果”。由于问题较少而简洁，本书不再采用主成分分析，而是认为总和数值及加权均值的大小就能充分说明问题了。数值越大，其重要性越大，或价值越大等。统计结果经过卡方检验，显著性概率均小于 0.05，说明回答有显著性差异。

从表 5-13 可以看出，G>U>S。这说明在大学定位的决策者及教育专家的眼里，政府对于大学定位的影响要大于社会媒体与大学同行。这也验证了我们的分析，即在当前的高等教育管理体制下，政府的权力与资源分配状况对大学定位非常重要。社会媒体与大学同行之间的差距不大，更多学者认为，在高等教育系统内的大学同行之间的定位，其重要性要大于社会媒体的定位。这可能也与我们前面分析的一样，即当前我国缺少权威的、有公信力的大学排行榜。可能还有一个原因，即大学定位的决策者与理论研究者在这个问题上有分歧，有的认为社会媒体重要，有的认为大学同行重要，因为样本的问题而产生了这个结果。

表 5-13　政府、社会媒体、大学同行对于大学定位的现实影响调查

	重要性赋值					频次	赋值总和(SUM)	加权均值	位次
	1	2	3	4	5				
政府(G)	11	17	20	35	32	115	405	3.521739	1
社会媒体(S)	12	18	30	26	29	115	347	3.017391	3
大学同行(U)	14	22	37	30	12	115	349	3.0347826	2

从表 5-14 的统计结果来看，大学对各主体的博弈预期是：U>S>G。这个结果与表 5-13 的结果基本相反。对政府的期望最小，说明当前政府对大学分层管理的现状基本上就代表了大学的办学定位，大学里的定位实践者是比较认同这一观点的。这也说明了长期以来大学对政府所形成的依附关系与权力、资源的被分配关系，仍然是多数人的想法。在他们的眼里，政府的地位是不可撼动的。对大学同行的期望要稍大于对社会媒体的期望，这一方面说明了大学之间竞争的激烈程度，另一方面也说明了社会媒体目前缺乏必要的公信力。

表 5-14　大学定位时对政府、社会媒体、大学同行进行博弈价值预期调查

	重要性赋值					频次	赋值总和(SUM)	加权均值	位次
	1	2	3	4	5				
政府(G)	19	33	26	23	14	115	325	2.826087	3
社会媒体(S)	12	15	28	35	25	115	391	3.400000	2
大学同行(U)	10	13	34	32	26	115	396	3.443478	1

三、大学定位的特征分类

通过上述研究我们发现，定位难的问题其实并不适用于所有的大学，有些大学的定位是非常简单和明确的。例如，位于生态位高层的学校，因为是强者，生态位较宽，且重叠少，无论是现状定位还是发

展定位都相当明了。随着生态位的下移，大学的定位则越来越难。对于有些大学来说，它们或许还不能直接掌控自己的办学定位，处于被动的地位。它们通常会被动地模仿别的大学的定位，在博弈方式上主要采取“搭便车”的行为。别人做的我要跟着做，别人有的我也要尽量有，有时甚至会利用“法不责众”的心理采取投机行为。最难的是中间层次的大学。潘懋元也认为，大量的“应用型本科高校，情况复杂，有历史较长的省属老校，……也有不久前才‘专升本’的新建本科院校，……引导这一类型的高校正确定位，是当前分类指导的重点和值得进一步研究的难点”①。因此，“如何定位”问题又可以简化为“定位难易”问题。下面依据大学定位的内容与结构，划分出大学的定位特征。然后据此特征，将大学划分成四种类型：主导Ⅰ型、主导Ⅱ型、被动Ⅰ型、被动Ⅱ型。不同的大学依据自身的情况，可以划归分类，并决定自己的大学在办学定位实践中将会采取什么样的博弈行为。

如表5-15所示，大学定位的分类共有四种类型：主导Ⅰ型、主导Ⅱ、被动Ⅰ型、被动Ⅱ型，14个项目。这些项目的设计主要依据如下：① 大学定位的内容，包括以人才培养为中心的三个大学职能的定位，也包括三个定位的主要目标——层次、类型与规模，最后是整体的发展定位。② 是一种模糊设计，没有具体的指标，只有基本的特征。各项目之间会有交叉，但14个项目的综合基本能反映这一类大学的定位特征。下面将进行具体的项目解析。

表5-15　　　　大学的定位特征分类表

项目 \ 定位类型		主导Ⅰ型	主导Ⅱ型	被动Ⅰ型	被动Ⅱ型
1	有无研究生院	有	有	无	无
2	有无自主招生权	有	有	无	无
3	人才培养类型	学术型	学术型与应用型并存	学术型与应用型并存	应用型
4	院士级学科权威	有	有	无	无

① 潘懋元，董立平. 关于高等学校分类、定位、特色发展的探讨[J]. 教育研究，2009(2).

续表 5-15

项目 \ 定位类型		主导Ⅰ型	主导Ⅱ型	被动Ⅰ型	被动Ⅱ型
5	科学研究的投入	基础研究优先	基础研究、应用研究均衡	偏应用	应用
6	科研经费来源途径	多元	较多元	较单一	单一
7	科研成果评价指向	国家级	国家级与省部级	省部级	省部级及以下
8	科研成果的转化率	高	较高	低	很低
9	学校腹地范围	全国范围	全国或行业范围	省域范围	地级市域范围
10	学校平台	"985 工程"及优势学科创新平台学校	除"985 工程"工程之外的"211 工程"高校	"211 工程"高校之外的省属重点高校	省属普通及新建本科院校
11	学术指向	研究Ⅰ型	研究Ⅱ型	教学型	教学型
12	学科的综合程度	好	较好	一般	不好
13	办学规模	稳定	基本稳定	有波动	波动较大
14	整体发展定位目标	世界一流大学	国内一流，行业一流，特色学科世界一流	省内一流，特色学科国内一流	省内一流

(1) 第 1～3 项是按照人才培养的特征设计的。① 研究生院代表着学校的人才培养层次。教育部在选择研究生院设置点的时候是充分考虑学校的办学实力的，有研究生院的学校基本上就是官方认定的研究型大学。我们知道，有研究生院的高校可以自主设定一级学科的博士授予权，可以自主地、有意识地促进本校学科间的融合，因此，代表着人才培养的层次、能力与自由度。而没有研究生院的学校，其博士学位的授予权要省学位办来评审，还要与其他学校来竞争，最后才由国务院学位办审批。2009 年徐州师范大学与西北政法大学关于博士学位授予权与省教育厅的纠纷与博弈，充分证明了没有研究生院的学校在人才培养方面的被动性。② 招生自主权代表着学校的综合实力，也代表着人才培养的质量。把好入口关，招到自己称心满意并乐于培养的学生，可以为今后的教学改革、人才培养方

式的改革奠定基础，也是保证人才培养质量的前提。③ 人才培养的类型基本上可以分为学术型和应用型。两者的区别不仅体现在人才培养的方式上，也体现在毕业生的去向方面。学术型人才与应用型人才的最大区别是对待就业的态度上。应用型人才对于就业市场的依赖程度较大，就业率是悬在以培养应用型人才为主的学校上面的剑。就业率不高，学校的声誉受损，会引发一系列的连锁反应，甚至专业设置围着就业率转。而以培养学术型人才为主的大学对就业市场的敏感度相比起来就好得多，虽然这些学校的学生也需要就业，但就业环境会好得多，往往是毕业生选择市场而不是被动地被市场所选择。不是每个高校都可以选择学术型人才培养方式，因为这是办学实力的反映，条件不具备的学校若盲目地选择学术型人才培养方式，情况会更糟。

（2）第 4～7 项代表着学校的科研实力。在当前大学评价越来越注重科研水平的情况下，科研实力代表着学校的地位与办学水平。① 院士级学科权威。院士级学科权威是我国最高水平的学术大师，主要是靠科研能力评选出来的。一些学科没有评审院士，但是也有相应资格的大师。他们是学校的名片，他们以其学术人格的魅力代表着学校的隐性权力。院士的数量越多，分布的学科门类越广，学校的办学水平与地位就越高。② 科学研究分基础研究与应用研究。基础研究具有见效慢、投入大、成果创新水平高等特点。一所学校对于基础研究投入的水平代表着学校的办学实力与科研定位方向。③ 科研经费的来源途径包括纵向的、横向的，纵向经费由政府资助，横向经费由企业等资助；还包括一些公益性基金资助经费，以及学校专门用来资助科研的专项经费等。科研经费来源途径单一，会使学校科研活动的自由度降低。例如，有的学校过于注重来自于企业的经费，会导致科研活动的市场化与功利化，导致科研成果的低水平重复。④ 科研成果的评价指向。虽然目前各类评奖活动也受到学者们的批评，但短期之内，还将会是政府及相关部门认可科研活动价值的主要手段。科研水平高的学校，其衡量科研成果价值的标尺就越高，有的大学以国家级的奖励为目标，而有的学校由于科研实力不够，得到省部级的奖项已经心满意足了。因此科研成果评价指向的确定就是一所大学科研目标的定位。

(3) 第8、9项代表着学校服务社会定位水平。① 科研成果的转化率是大学用科研活动直接服务社会的体现。转化率高代表学校服务社会的密切程度高;转化率低表示学校的科研活动方向有问题。科研成果转化为生产力需要有孵化器,在高水平的大学周围建科技园目前已经成为一种趋势。科技园的级别与水平代表着大学科研活动的活力与水平。而且,大学科技园有与大学相互融合的趋势,今后有可能会是未来大学的重要载体。② 学校的腹地范围。如果说科研成果的转化代表着科研水平的高低,腹地范围则代表着大学为谁服务的问题。前面论述过,学校的办学实力越强,学校的层次越高,其辐射的范围就越大。1998年高等教育管理体制改革后,一些行业部委所属院校划归地方管理后,其服务的主体除行业外还有当地的区域社会,而且后者对大学的影响越来越大。以煤炭行业的高校为例,划归地方管理的高校纷纷改名,在校名上"去煤""去矿",其专业设置与招生开始更多地考虑为当地经济社会的发展服务。相反,划归教育部直属的中国矿业大学,不仅没有改校名,而且由教育部、江苏省、国家安全生产监督管理总局三方共建,其腹地范围不但没有缩小反而有所扩大。

(4) 第10～13项代表着大学定位最直接的表现形式——层次、类型与规模。它们既是前面各项的综合反映,也是定位实践中需要单独表述的内容。① 学校平台。当前我国的高校层次分类已经非常清晰。除高职高专及民办院校外,最上层的就是"985工程"高校,最下层的是新建本科院校。前面论述过,"985工程"高校是"211工程"高校的优中选优,两者多数直属教育部,少数属部委及省市。平台层次越高的学校,其定位越是主动、容易和明确,相反,则被动、困难与模糊。② 学术指向。研究型大学既是一种对大学的分类,实际上也是一种分层,书文认为在我国的国情下可能更偏向于分层。当前一些高校在制定发展规划时,多会将是否是研究型大学及其倾向列为发展定位的主要内容。本书在第三章对此有分析。武书连的大学排行榜一度将此分得很细,基本上是按照排名的高低将我国的大学分为研究Ⅰ型、研究Ⅱ型、研教Ⅰ型、研教Ⅱ型、教研Ⅰ型、教研Ⅱ型、教学型等。其实,将其细分的意义不大,研究型与教学型两种就足以说明问题。国外对于研究型大学有着明确的标准,不符合条件就是教学型。两者最大的区别是高校管理中的价值取向问题。研究型大学一定要以学术研究的价值取向为中心进行相应的制度建设，而教学型大学则一定需要以知识的传授为中心的管理体制。以研究成果的多少来确定是否是研究型大学只是一个伪现象。正如有学者提出的世界一流大学更注重制度建设而不能仅关注排名一样。③ 学科的综合程度是一所大学办学类型定位的最直接的体现。虽然单科性大学的办学水平不一定低，综合性大学的水平不一定高，但是高水平的综合性大学一定会比同水平的单科性大学的价值要高，因为它符合大学促进学科交叉、知识融合的活动规律。所以学科综合化程度不仅仅是学科门类的多少，而是指学科之间的交叉、融合程度。一个好的大学，其学科分布一定是有规律的，一定会形成一个围绕着主干学科的圈层结构，一定是一个相互协调、相互配合的学科体系。当前，我国的许多大学，如合并后的高校、新建本科院校，其学科门类虽然很多，但其融合问题仍然是发展规划与定位中需要明确提出的重要问题。④ 规模大小并不是一所大学办学水平高低的真实反映，世界一流大学既有规模很大的学校，也有规模很小的学校。规模的波动程度才是影响大学定位的重要因素。高水平的大学一般都会相对保持稳定的规模，而不会盲目地扩张或缩小办学规模。虽然有些学校会采取“先做大后做强”策略，但也反映其办学水平较低，受政策影响大的现实状况。

(5) 第 14 项是在综合前面各项条件下，为学校发展提出的一个整体发展定位目标。其原则是趋高定位(但不是盲目趋高)，是一种责任的体现。如“985 工程”大学作为国内的一流高水平大学，创建世界一流大学，既是国人的期望，也是它们义不容辞的职责所在。

下面以主导Ⅰ型大学为例，解析其整体发展定位目标将如何表述。如表 5-15 所示，主导Ⅰ型的高校包括“985 工程”及优势学科平台的高校。这些学校用“国家的名片”形容不为过。政府对于这些大学的投入最多，同样它们的责任也就最大。在建设“世界一流大学”总体目标的指导下，它们的定位特征可以概述如下：

以培养学术型人才为中心，创新人才培养方式，成为国内教育教学改革的先导者；加大基础研究，提升科研创新能力，以国家重大项目为依托，成为国家科技创新的基地；科研成果转化率高，在引领国家文化与科技方面效果突出；建设中国的研究型大学；在特色学科水平不断向前发展的前提下，向综合性大学发展；保持稳定的办学规模。

主导Ⅱ型、被动Ⅰ型、被动Ⅱ型的定位特征可以依据主导Ⅰ型的模式综合表5-15中的各项指标类推。不同的高校根据学校平台状况，可以比较容易地找到自己的学校定位特征。但是这四种共性的特征并不能全部解决大学定位难的问题。其难易程度是：被动Ⅱ型＞被动Ⅰ型＞主导Ⅱ型＞主导Ⅰ型。需要说明的是，各类型之间并没有明确的界线，主导与被动是相对的。被动型大学之所以在定位的问题上是被动的，是由于其代表的学校数量越来越多，位于大学分层金字塔的中下层，生态位状况不如主导型大学。“前有压力、后有追兵”的概念存在于这些大学中的每一个细胞中，从综合排名到各分项排名等，不像主导型大学起码有些办学特征是国内一流的。往前怎么发展，追兵如何解决，都考验着这些学校决策者的智慧。

即使是定位难度最小的主导Ⅰ型大学，其在具体的定位实践中，也需要根据自身的状况与能力选择与政府、社会媒体与同行大学的关系问题。它们虽然可以用自己的办学实力影响政府的决策，但总体上来说，权力还是政府赋予的，且权力的收放一直掌握在政府的手中，在政府“一刀切”的政策下也往往会伤及自身的利益。虽然可以用晕轮效应影响国内媒体的排行，但解决不了长期以来在国际各排行榜中位置偏低的问题，也需要用“功利”或“投机”行为来主动向国际排行的规则靠拢。它们之间的竞争也同样激烈，它们的合作也会受到国人的关注，稍有处置不当就会引起一片争议。例如，“北约”与“华约”的招生竞争被许多人理解为是借着教育改革名义夺取生源高地而采取的功利行为，也有人认为是名校间的排队行为，事实证明这种合作方式并没有持续很长的时间便告解散。

第六章　大学定位的对策与建议

研究至此，我们已经对多元评价作用于大学定位的关系有了基本的了解。解铃还须系铃人，谁为大学定位制造了障碍，我们就向哪里寻找答案。

有学者认为，大学功能定位必须遵循一定的基本原则，既不能由长官意志拍脑袋确定，也不能允许学校靠搞关系去争取。……应当解决三个问题：首先，是确定我国大学定位的原则；其次，必须建立科学的、合理的中国高等学校系统结构模式；再次，关于大学功能定位的权威性问题。① 诚然，正如我们所分析的，当前政府对大学定位起到了决定性的作用，无论是内在的功能定位还是外在的目标定位。但这绝不是单凭政府之力就能解决好的，否则也不会出现大学的投机行为，也不会出现老百姓对大学“用脚投票”的问题。大学要立足于自主定位，在处理好自身价值与利益需求协调统一的基础上，正确处理好与政府评价、社会评价及同行评价的关系。

一、大学：做好自主定位

（一）增强大学定位的主体意识

我国大学的主体意识是在不断增强的，但是就目前来说，主体意识问题仍然是必须要探讨的话题。大学主体意识不强，就会在政府的指挥棒下采取定位的跟风行为，大学定位变成了按政府的意图定位。大学定位的主体意识不强，是由于我国高等教育管理体制造成的。我国的大学绝大多数是公办大学，政府对于大学管理得过多过

① 刘道玉.中国高校功能定位刻不容缓[J].高教探索，2007(1).

细，大学面向社会、面向市场自主办学的能力较弱，对政府的依赖性较强。在计划经济时代，在高等教育精英化时代，这可能不算太大的问题，但在市场经济时代，在高等教育大众化时代，大学的竞争越来越激烈，自主定位问题再不提上日程，大学可能就会因为没有特色而被抛在后面。树立大学自主定位的意识包含以下三个方面：

(1) 坚守大学的理念。大学定位要遵循大学的规律与世界高等教育的趋势前行。大学的发展需要借力，借政府的力，借市场的力，但大学的本质不能丢，借位发展不等于依附发展。前面所述大学定位的价值在于促进学术组织的发展。有些大学在市场机制面前，丧失了办学的方向。为了经济利益盲目地开设所谓的热门专业，为了提高学校的排名大搞学术 GDP 主义，以更好地服务社会之名开公司、办培训班进行权力寻租，等等。似乎认为，大学与社会亲密接触就是为了更好地服务社会，从而忘记了大学要与社会保持一定的距离。大学有目的地走向社会没有错，但是一定要高筑墙，尽量避免让社会上的陋习进入校园。有人说，我国的大学最缺乏的就是精神，缺少自由思想与独立人格的精神。没有坚守大学的理念，就不会有相应的现代大学制度，即使投入经费再多，科研成果再多，也是无法建成世界一流大学的。

(2) 树立自己的办学理念。除坚守普遍性的大学理念外，大学还有属于自己的独特的办学理念。没有自己的办学理念，就不可能有独特的办学定位。我国很多普通高校的发展从创办以来就没有自身特有的办学理念作为支撑，这也是其定位主体意识淡薄、容易出现跟风和趋同现象的一个重要原因。① 以华中科技大学的发展为例，它是从一个 20 世纪 50 年代才开始建校并在武汉大学身边发展起来的工科大学，发展成为目前国内一流的综合性、研究型大学。华中科技大学的办学理念值得国内其他大学同行的学习。例如，朱九思校长在 20 世纪 70 年代就确立了“走综合化发展之路”的办学思路，并在 1978 年第一届全国科学大会上，旗帜鲜明地提出“科学研究要走在教学的前面”，这在当时无疑是“非常独特”的办学理念；杨叔子校长“科学教育和人文教育相融合”的办学理念，在全国高校中举起了

① 邱德雄. 我国普通高校定位的理性选择[M]. 成都：巴蜀书社，2009.

文化素质教育大旗;90 年代后期,周济校长又提出"育人为本,学研产三足鼎立,协调发展"的办学理念和以"服务求支持、以贡献求发展"的办学新思路;樊明武校长在四校合并组建而成的华中科技大学的基础上适时提出"国际化"的办学思路,拉开了学校建设世界知名高水平大学的序幕;被学生亲切地称为"根叔"的李培根提出了"育人为本,创新是魂,责任以行"的办学理念。[1] 从华中科技大学办学理念的发展历程可以看出:第一,每一个理念都没有偏离大学的功能,彼此之间都有对方的影子,也可以说是一脉相承的;第二,每一个理念的提出在国内都是超前的,引领于国内其他高校,所以它们又是独特的、有个性的。

(3) 加强大学定位理论研究。华中科技大学为什么能有这些鲜明而卓越的办学理念,与校长的素质与能力是分不开的,更与华中科技大学在教育科学研究方面雄厚的研究实力是分不开的。理论是工作实践的先导,理论水平的高低决定着实践上的创新能力与持续发展的能力。从这个角度看,大学定位目标仅是定位理论研究大树上的一个果实。

定位理论研究的必要性体现在,定位理论是战略管理理论的一部分,战略管理理论发展得很快,所以定位理论研究也要与时俱进。大学定位理论研究还有其特殊性,前面在"专业化原则"中也提到,它是一门融教育学、社会学、管理学等于一体的理论。我国的大学制度与国外相差较大,在学习西方先进的大学制度的同时,一定还要结合我国的国情来进行研究。从国外引进来的先进理论不一定适应中国的国情,尤其要注意中国的传统文化与理论惯性对其的改造。例如,马丁·特罗的高等教育大众化理论原本是他在总结现状与规律的前提下所提出的一个预警理论,引入我国后则演变成了一个带有 GDP 色彩的目标理论。国外一些成功的案例都与其文化背景等因素密切相关,而且我们也论述过大学的核心竞争力是不可复制的。如果不考虑国情与校情就会"画虎不成反类犬"。

所以,定位理论一定要进行多学科的研究,一定要和院校研究结

---

① 华中科技大学:3000 张图解办学理念的变迁[EB/OL]. http://www.cnr.cn/2004news/internal/200812/t20081218_505180028.html.

合起来，并深入到学校办学的每一个细节中去；要给定位理论研究以空间和时间，尽量避免突击式的研究；要有常设机构，要和校史、校志研究相结合；有条件的学校还要和学科建设结合起来，以学科汇聚人才。另外，基于定位与战略管理的实践性，高校还要考虑设立相应的监控与评估机制，保障大学定位在制定目标与实施过程中的科学性。

（二）重视大学定位的自我评价

随着外部环境的变化及学校的发展，定位目标肯定会有与学校办学实际情况不相符的一天。这时对定位的评价与修正就显得十分重要。大学比较在意来自于政府的评价。教育部施行的《普通高等学校本科教学工作水平评估方案（试行）》中就有对大学定位目标的评价标准。它除了规定 7 个一级指标、18 项二级指标外，还特别提出与定位目标相关的“三个符合度”原则：学校的定位和所确定的目标，与国家、社会和学生全面发展的需要及学校实际情况的符合程度；学校的实际教学工作（包括教育资源的配置利用与教学过程的设计等）状态与学校自己所确定的目标定位的符合程度；学校的教学效果（人才培养质量）与学校自己确定的目标要求的符合程度。每个观测点都有 A、B、C 三个等级。从评价的实际效果来看，绝大多数高校都是 A 级，也使得这个评价指标给人以一种比较模糊的感觉。是不是定位目标得到教育部的认可后，其定位就是一个成功的定位呢？如果真的是这样的话，大学定位难的问题又何从谈呢？大学也比较在意来自于社会的评价。大学排行榜是社会评价的聚点，是影响大学在社会公众中形象的主要途径。有条件的高校纷纷以“排行中的××大学”为题来研究学校在排行榜的位置及其原因。排名不理想，会想法找出排行榜的缺点，甚至诋毁与投机并存；排名理想，就会有目的地对此进行鼓吹宣传。

作为自主定位的大学而言，来自于校内的评价更为重要。评价的主要方面有两个：一是是否具有可操作性。定位是与规划联系在一起的。如果定位不准，规划就会非常难做。如有的学校提出了建设研究型大学的目标，那么在规划中的指标就要与研究型大学的指标或内涵相符合，如果差距太大，就会在教职工的心中产生定位不切实际的看法。如“多元化”或“复合型”的人才培养，本身就是一个含混的概念，如用在定位中，需要下大功夫解释才行。二是是否提升

"大学中的人"的价值。大学有自己独特的"消费群",大学定位的价值在于能不断满足这个消费群的需求,令他们满意。比如对学生,它能满足他们不断增长的求知欲,提高其学习效用;又比如对用人单位,它能不断培养出合格的人才,满足他们对人力资源的需求;再比如对特定用户,它能用创新的产品、技能,满足他们不断发展的需要。[①] 只有这样,大学的定位才能与师生的价值相结合,才能凝聚成发展的动力。

(三)树立大学定位的类意识

对于大学而言,在发展定位问题上一定要有类意识。大学的类意识包括三个方面:一是要将大学区别于社会上的其他组织。大学要以高深知识的研究为主线,以人才培养、科学研究、社会服务这三大职能为使命与责任,要与社会保持适度的距离。这是大学进行办学定位的前提。缺乏类意识的大学,其定位很难符合自身的发展规律。迷失自身方向的定位是无意义的定位,没有个性的生存是无意义的生存。[②] 二是将学校的发展定位置于学科与专业领域的发展中,而不仅仅是限于国内所谓的同层次的竞争中。"层"会限制大学的发展视域,而"类"本身就代表着特色。即使是世界一流大学,也不可能所有的学科与专业都是世界一流的,多是以某一个或某些学科而著称的。从行业特色高校的发展来看,虽然行业办学的体制没有了,但是以行业发展为背景的学科与专业优势不能随便丢掉。行业的科技与人才培养世界一流了,学校也就世界一流了。因此,大学不必为现在居于政府所划定的某一层而菲薄,要致力于在同类高校中争一流、办精品。三是不同类型大学的办学理念与价值是有所差异的。我们一直认为,大学定位要在同类中进行。不同类别之间的冲突要尽量避免相互拆台、相互挤占的现象,以免给原本就竞争激烈的大学之间带来新混乱。如有些大学在定位时提出要实行多元化的人才培养策略,如果是指人才培养方式的多元倒也无可厚非,但若要提倡人才培养层次的多元化就值得商榷了。一所大学可以进行多种层

---

① 崔卫国.破解"钱学森之问"——高等教育的经济学分析[M].北京:经济科学出版社,2010:153.

② 骆四铭.中国大学类意识的发展影响大学定位[J].现代教育科学,2005(4).

次人才培养的局面已被国家所否定，专科层次的人才培养已经放在了高职高专院校进行。目前仍有一些高水平的研究型大学在办“二本”或“三本”，就是一种缺乏类意识的表现。研究型大学可能在培养学术型人才方面有成功之处，但是在培养应用型人才方面可能还不如教学型大学。最重要的是，这样会给自己的人才培养定位带来困难。另外，这样还有不顾人才培养质量而仅在乎经济利益之嫌，从而影响大学的形象。所以，类意识是一所大学所应具备的基本素质，缺乏类意识的大学就不可能恰当地定位。

（四）促成大学定位研究的专业化

大学定位研究是一项专门化的活动，然而多数大学似乎并不具备这一素质。这就凸显了教育科学研究对于一所大学的重要性。我们知道，定位是大学战略管理的重要组成部分，即大学不能仅为定位而定位。当前有些学校仅在做学校的规划时讨论办学定位，但是不能将其与学校的战略管理结合起来，整个学校的办学策略没有紧紧围绕定位而设定。还有的学校，定位分析得很准确，但是落实不好，使得定位与规划成了应景的摆设，起不到应有的作用。另外，大学定位一定要有专门机构与专业人员来进行研究。即大学定位一定是一个专业化的定位，其恰当与否反映了一所学校的教育科研水平。所以高校首先一定要给予定位与规划以必要的制度地位，以确保定位的科学性与权威性，不至于使之流于形式。其次，一定要加快高校教育科研水平的提高。

当今大学的竞争一定是教育理念的竞争，高水平的大学更是如此。自 20 世纪 80 年代初以来，我国的大学几乎都设立了高等教育研究所及其他相关机构，但发展水平差异很大。有的仅是安排学校“闲职”的机构，而有的则发展成为功能齐备且具有博士学位授予权的实体学院。据调查，2010 年以来武书连版大学排行榜中综合实力前 20 名的高校均设有高水平的教育研究机构。这些学校大力发展教育研究的原因除了学科综合化的因素外，还与教育科研机构的职能有关。它既可以从事高等教育的理论研究，可以为校领导提供决策咨询，还可以培训学校管理干部、教师及研究人员，提高全校干部教师整体的教育科学素养。只有学校整体的教育科学素养提高了，学校的决策才不会偏离方向，各项改革也才能顺利地实施。由此可见，教育科研机构的发展水平与大学的办学实力是相关的，与大学的定位实践是相关的，它是大学走出定位难困境的希望与动力。

二、政府：建立有序的层际流动机制

分层机制，就是政府要在对大学进行分层管理的基础上分类指导。用分层的方法来指导大学定位可以看作是政府对于大学的定位，通常说来，大学本身是没有高低层次之分的，只有在管理的语境中才会有分层。我国大学当前的管理方式是政府主导下的金字塔式的分层管理。政府通过给大学分层，有目的地使大学按照一定的标准形成一个层次合理、结构合理的高等教育系统。然后再通过政策调节的手段，给不同层次的大学以不同的职能，使不同层次的大学各司其职、各安其位，并建立一个稳定的、缓慢的、有序的层际流动制度。因此对于政府而言，要在分层机制上下功夫。第一，建立大学各层次之间有序流动的机制。仅仅是担心大学“趋高的定位”而不鼓励层际流动，是不符合大学发展规律的。对于大学一些好的发展措施要及时地给予肯定。第二，分层管理可以是手段但绝不可以是目的。分层的目的是要让每一层的高校都有获得充足资源、充分发展的可能，都有精品学校的出现。只有整个国家的高等教育水平提高了，世界一流大学才会顺其自然地产生出来。

分层机制的运作主体是政府，其核心是权力。

（一）政府要合理地使用权力

在前面我们已经论述，当前我国政府与大学的关系仍处在国家利益主导期。在这个时期政府与大学之间的权力不对等、信息不对等。大学很难通过博弈与政府达到双赢。因此，政府强化双赢意识，转变职能，尽快使政府与大学的关系由国家利益主导型向利益共生型转变。第一，要加强自身的政策建设，完善各类法规，既要依法决策，又要科学而灵活地决策，尽量避免一刀切的“懒政策”的出台。第二，要尽量避免政府过多参与资源配置的功能，控制其行政权力的干预范围。一些技术性、服务性、协调性的工作应尽快地向社会中介机构或社会公共服务组织转移。第三，政府还要加强自身的权力制度建设。政府与其他社会组织一样，也有“功利性”，也有追求自身部门利益的动机。政府与大学之间“囚徒博弈”局面的形成在很大程度上是由于政府的权力寻租行为引起的。谁来监督政府的权力？一是要靠政府建立相对独立的监督机构，二是要靠大学、媒体、非政府组织等力量来进行监督。

（二）建立现代大学制度，扩大高校办学自主权

办学自主权的大小，可以影响大学的定位预期。政府要通过有目的地放权或收权，改变大学的预期，使大学定位的趋高与趋同行为控制在一定的范围之内。从长远看，政府要逐步放权。政府放权有两个层次，一是中央政府向地方政府放权，二是政府向高校放权。现在政府主要有两种顾虑，一是不愿放，二是不敢放。不愿放是可能因为担心下放容易收回难，一旦权力的分配形成定式，想改变是很难的。同时不愿放权是否还有权力寻租的因素，我们不得而知。不敢放可能是因为担心一放就乱，不好控制。前面论述过，这主要是由于政府长期以来在制定政策方面的僵硬、不灵活所致。“一刀切”的政策极易造成一抓就死、一放就乱的现象。因此，在高校办学自主权不断扩大的前提下，政府一是要提高政策研究的质量与水平，提高针对性与灵活性，尽量避免政策的一刀切。只有这样，大学的办学才不会千校一面，大学定位才会出现万紫千红总是春的局面。二是要帮助并促使大学尽快建立现代大学制度，激励和约束大学的办学行为。只有从制度建设上入手，才不会出现一放就乱的现象。

分层机制的运行特征是促进层际间稳定而合理地流动。层际之间若没有流动，大学办学就会失去活力，定位也就失去了意义，沦为形式。但若流动不合理，一方面给大学的合理定位增加难度，同时也造成了大学之间种种恶性竞争与投机行为的发生。最近教育部提出，“985 及 211 再扩容的可能不大”①。也就是说，这些学校将成为中国高等教育系统内长期的“稀缺品”，其他想挤进其中的学校一定会心怀沮丧。同样，任何学校都想提升层次而进入研究型大学的行为也是不合理的。政府要在为大学进行分类指导的前提下，建立一

① 985、211 不接纳新成员，教育部放权高校[EB/OL]. http://learning. sohu. com/20110308/n279709076. shtml.

套激励与退出机制。如，“211 工程”学校如果评估不合格，达不到标准就可以取消资助；省属重点高校如果办学质量下降，就可以取消资格。退出机制的前提是有上有下，不能只上不下，也不能只下不上，只要保持结构的合理与数量的稳定即可。

（三）完善评价与监督手段

政府至少需要做两件事：第一，完善现有的评估体系。现行本科教学评估基本上是带着居高临下的姿态，高校在评估方案面前没有话语权，只能是以“迎接”的姿态，接受专家组考察，高校的主导群体——教师则更是被简化为评估的客体之一。前面已论述过高校与政府评估的博弈行为，在此不多叙。从评估理论上来讲，目前发展到了第四代评估。第一代评估被称为测量（measurement），第二代评估被称为描述（description），第三代评估被称为判断（judgment），而第四代评估的特征则用协商（negotiation）来形容。校本评估是第四代评估最主要的形式。操太圣认为，“校本”的概念为我们提供了探索的启示和理论化的切入，它强调权力的下放与自下而上的管理与评估方式，使高等院校拥有更大的自主空间和自主决策权及相关话语权。① 当前，教育部本科教学第二轮评估已经开始，在第二轮评估中建议政府重新思考评估的理念与实践基础，将评估逐步向校本评估转移。

第二，行使政府职权，资助并监督社会媒体，尽快建立权威性的、公益性的大学排行榜。与对大学的放权政策相反，政府对社会媒体要用权力加大监管的力度，不能指望用市场的机制来让排行机构之间自由竞争，优胜劣汰。当前，我国的大学排行榜总体来看，虽然各有千秋，但是似乎都还不能服众，相互之间还有攻击的情况，没有起到应有的监督大学办学并影响政府决策的作用，相反还经常会出现一些负面的新闻。有学者提出要用协会组织来进行评估，由于我国的协会组织具有较浓的政府色彩，所以笔者并不完全赞成。针对大学排行中存在的问题，政府需要尽快制定关于大学排名的相关法规及其标准，使大学排名有法可依，有度可量；需要以成立基金会的形

---

① 操太圣，卢乃桂. 伙伴协作与教师赋权——教师专业发展的新视角[M]. 北京：教育科学出版社，2007.

式，有意识地资助社会媒体进行公益性的排名，对出现的排名商业化行为进行严厉的惩戒；政府所掌握的高校数据信息要向社会公开，各排行机构共享，使大学排名研究在相对透明的状态下进行。

三、社会：增强评价的公信力

公信力是社会媒体立足的根本。它包括两个方面的内涵：一是公益，二是威信。针对大学定位而言，社会媒体同样需要有正确的策略来面对政府、大学与自身建设。

（一）争取政府的支持

对大学进行定位，是代表社会对大学的办学行使监督的职能，而不仅仅是一种商业行为。当前社会媒体对大学进行排名定位的权威性不够，主要原因是没有国家的支持。其结果不能影响政府的决策，不能给大学的资源分配带来影响，同样对大学的办学行为没有约束力。社会媒体获得政府的支持还有以下益处：一是可以获取大量的来自于政府的数据，在进行排名时可以节省大量的时间与精力。当然自身的调研必不可少。二是可以获取相应的经费，从而避免因经费的压力而带来的商业诱惑。社会媒体的大学排行寻求政府的支持，并不意味着要和政府合作，独立性是前提。

（二）注重资源整合，不断壮大自己

社会媒体寻求国家的支持，一定要以自己的实力为基础。社会媒体的大学排行机构之间要注重资源的整合，尽量不要孤立地去研究，要在多样化的基础上展开合作。大学的排名与定位研究一定是专业化的研究，它需要专业人才和团队，不是谁想做就可以做的。排行机构的同行之间首先要参照柏林原则，制定我国大学排行的行为准则，以此来约束排行机构之间的行为。其次，要加强排名的专业化研究。综合性的排名虽然必不可少，但一定是在科学分类的基础上，不能把综合性的排名作为一种大学分层的工具。第三，注重多元化、多角度的排名，各排行机构之间要合理分工，利用自己的基础和优势，并尽量做别人没有考虑到的排名类别。如上海交通大学以“学术声望”为中心进行世界范围内的大学排名，经过多年的坚持，终于获

得国际上的认可。由此看来,全国的以社会媒体为主的排行机构应该自发地组织起来,成立一个全国性组织,并以此寻求国家的支持,对大学的办学实践进行监督,对社会大众负责。

（三）增强公益性

社会机构的大学评价是什么行为?公益行为、商业行为、娱乐行为还是学术行为?国内所有的评价机构承认自己的公益行为、学术行为,就是不承认自己是商业行为和娱乐行为,其实是害怕自己的排行失去了公信力。如果没有商业行为,大学排行的经费从哪里来?不是所有的排行榜都能够寻求到国家的支持,因此拓宽经费途径是一个必由之路。第一,保证排行机构自身的公益性。任何一个排行榜在进行研究及发布之时都要依托于一个非营利性组织,成立公益性的、非常稳定的基金会,广泛接收来自于社会的捐赠。第二,允许有部分商业收入,例如通过出售相关书籍和研究资料,但是商业收入的比例不可以过大,即不能以营利为目的,而且一定要向社会公开收入的分配及使用。第三,与被评价高校保持一定的距离,不产生经济往来,例如在高校的讲课、考察等活动不可以收取报酬,调取数据不付给费用等。

要保持公信力,排行榜还需要在评价的科学性上做文章。第一,尽量避免大学的晕轮效应,少进行整体评价,多进行单项评价,鼓励某些低水平大学在单项上有所突破。第二,对大学不做功利性地引导,排名不可以对高校进行分类、分层与定位,不能说得分在某分值之上的就是研究型大学,得分在某分值之下的就是教学型大学等。第三,数据的来源要可靠,而且数据来源及处理要用最简明易懂的方式向社会公开。第四,加强对于排行榜的监督。排行榜既然公开发表出来,就应该是公共产品,就要接受社会的监督。对于虚假数据的行为要从法律上进行约束,并保留高校及其他团体或个人对排行榜进行法律追究的权利。

第七章　结论与展望

一、主要研究结论

针对大学定位难的问题，主要研究了大学定位的逻辑与多元评价中的大学定位特征，既有理论研究也有实证研究，其主要结论如下：

（1）从文献综述中，我们可以得出大学定位难的症结在于没有正确地审视其在评价方面多主体的特征。长期以来大学定位的研究多集中于方法的研究，大学定位的本质与价值研究缺乏。大学定位的趋高与趋同现象被夸大。趋高符合大学定位的特征，趋同是大学作为一个有机体的生长过程的特征。我们需要反对的是盲目地趋高，需要反对的是自上而下的趋同。大学定位研究应从注重方法的研究转向多主体的关系研究。同时，大学定位研究既是分析定位机理的研究，也是为管理者提供决策的研究，更是一种对现有制度进行理性批判与提出建议的研究。博弈论的方法是研究大学定位主体间关系的有效方法。

（2）大学定位有其理论上的逻辑体系。大学定位的本质与价值是在促进大学这个学术组织发展的同时，实现与政府、社会及同行之间的协同发展。大学定位的内容一定要契合人才培养、科学研究与社会服务这三个大学的功能，这样的定位才不会偏向；要具有明确的外在目标特征，即层次决定地位、类型体现特色、规模兼顾效益。大学定位内部影响因素主要包括能力因素、利益、文化及管理体制等，外部影响因素主要是来自于政府、社会及同行大学的评价。大学定位自主定位的原则主要有战略性、专业化、务实性等。大学自主定位的机制，增强自主定位的意识，确立自主定位的管理体系，规范自主定位的过程。

(3) 大学定位有三个主要的外部评价者:政府、大学排行榜与大学同行,它们共同影响着大学的定位实践。人才培养、科学研究与社会服务是大学定位内在的功能特征,层次、类型与规模是大学定位外在的目标特征。两者共同构成大学定位的内容。大学定位的核心是功能定位,即大学不能离开这三个基本的功能去定位。与大学功能的逻辑一样,大学的定位要以人才培养目标的定位为中心。它涉及培养什么样的人及怎么培养的问题,在实践中涉及规模、类型与层次的问题。总体来说,是精英型还是大众型定位的问题。科研定位是一个学校提升办学实力的定位,尤其是在现在大学评价以学科为中心,以科研成果为主要量化指标的前提下。科研定位要在正确处理与教学关系的前提下,合理地确定研究方向,即研究什么和怎么开展研究的问题。社会服务定位是大学"顶天立地"的定位,要在责任心的驱使下,使大学定位充满个性,里面充满着为谁服务及如何服务的博弈,具体来说,就是大学服务社会的边界确定问题。在这三个定位问题上,国家主体、社会主体及大学主体三者之间的需求与诉求是有差异的。大学办学定位要在三者的权力与利益关系中博弈,要正确地审视短期利益与长期利益的关系问题,要在利益的需求与责任的权衡中合理定位。

(4) 政府对于大学的定位是一种基于需要上的管理定位。政府目标的实现有赖于众多的大学,大学目标的实现也有赖于政府。这中间的联系纽带,就是对资源的分配和占有。通过比较研究,目前我国政府和大学之间的关系还不能完全用"利益共生"这种形态来描述,只能说正在从国家利益主导期阶段向利益共生期阶段转变。我国政府对于大学定位的形式包括法律定位、体制定位、管理定位、职能定位等。权力是政府与大学之间定位博弈的核心,其机理是隐性权力与显性权力的互动。总体来看,政府不断放权,地方政府及大学不断扩权。大学的权力每扩充一次,其办学定位的期望值就会扩大一次。以人才培养为中心的考察,政府与大学之间走不出囚徒博弈的怪圈。本书建议要以"智猪博弈"模型为策略重塑政府与大学的关系,需要政府摆脱"管制"大学的思维惯性,不断地下放权力,实现政府由"管制型"向"服务型"的治理转型。

(5) 大学是"社会的大学",区域社会是"大学的社会"。对于一所大学而言，区域社会的概念有大有小，这取决于学校的办学实力。社会对于大学的定位有两种形式：需求与诉求的定位，评价与监督的定位。20世纪80年代至今，西方国家大学的评价主体更加多元，传媒对于大学评价与定位的作用越来越明显。传媒对于大学的定位主要是通过排名来进行的。当前大学排名对于大学定位产生了重要的影响。大学排名的目的和意义在于，作为服务于公共问责的有益工具，为消费者和政策制定者提供关于大学教育质量的可靠信息，同时激励大学提升质量。同时，它也是作为一种决策与商业的需要。对于大学排名中所涉及的社会责任价值，大学在与其博弈的时候，要尽量地遵守；而基于利益的商业与决策价值，大学要有目的地选择是合作还是反对，甚至还有投机。所以大学在定位问题上与社会媒体的博弈实际上就是追求一种价值均衡的博弈。晕轮效应影响大学与社会媒体的价值判断，其中心从理论上讲就是大学的核心价值问题，即大学的商业投资价值与社会责任价值的均衡问题。不同层次与不同类型的高校往往会采取不同的博弈策略。不同地域和发展水平的高校对此的方法也会有差异。通过分析大学与社会排行机构之间的投机博弈行为，发现大学与社会排行机构之间只能达到价值上的均衡，而不能达到事实上的双赢。要让大学对排行榜有平常心，首先政府要肩负起监管的责任，加强对大学排行研究的指导和支持，并给大学校长们以更加宽松的办学环境。

（6）大学定位是高等教育系统中的定位。高等教育系统就是一个生态系统。不同层次、不同类型的大学组成了生态链，而每个大学都处在这条生态链中不同的生态位之上。所谓大学定位，就是要在大学的生态链中寻找自己的生态位。自生秩序是高校定位的内因（内熵），政府对高校定位的分类引导是外因（外熵），后者必须以发挥前者的作用为基础。扫描我国大学的生态位可从内外两个视角，内生态研究是重点。我国大学的内生态实际上是和我国高等教育管理体制和高校分层联系在一起的。单位性质、隶属关系、地域条件、学科特色是其考察的重点。我国大学生态位可从宽度和重叠度两个方面进行测量。当前绝大多数大学生态位之间都有重叠现象，完全重叠或完全分离的状态都是不存在的。有重叠就会有竞争，但是竞争也是要有策略的，低水平的竞争与恶性竞争是不利于学校的持续发展的。大学之间的定位博弈一定会发生在同层次、同类型、同地域之间。以高校的规模扩张为例，盲目地扩张与大规模的负债会严重地影响大学的办学质量。但是由于决策者的问责与惩罚机制没有建立起来，类似这样的决策行为还会不断地在我国的大学中上演。要让大学各安其位，避免横向与下行的定位，外在的动力与机制不可避免。

(7) 大学定位的三维超体积模型可以直观地描述出三个主体共同作用于大学定位的关系。从这个角度来说，大学就是在政府、社会媒体与大学同行的博弈中不断扩大自己定位的能量体。换句话说，能量体的大小代表着大学与定位主体之间博弈实力的大小，大学定位的过程就是不断扩大能量体的过程。大学定位正确，能量体不断地扩大，反之则会缩小。通过分解这个模型，可以得到 3 个二维模型。实证研究是对理论研究的补充。运用主成分分析法，可能较为清晰地反映出被调查对象对于大学定位构成因素的偏爱程度。从调查中看，被调查对象认为，政府对于大学定位的作用与影响最大，大学定位实践时与大学同行博弈的价值最大。

(8) 依据大学定位的内容与结构，可以划分出大学的定位特征。然后据此特征，将大学划分成四种类型：主导Ⅰ型、主导Ⅱ型、被动Ⅰ型、被动Ⅱ型。不同的大学依据自身的情况，可以划归分类，并决定自己的大学在办学定位实践中将会采取什么样的博弈行为。按照上述的分类，大学定位难对某些大学而言是一个伪命题，对多数大学而言又是需要长期面临的难题。建立一个相对稳定的、充分流动的大学分层机制是政府的管理职责，培育公信力是社会媒体对大学定位的立足之本，树立类意识是大学各安其位、合理定位并科学发展的基本诉求。

二、研究中的困惑与局限

本书对多主体的大学定位作了理论和实证研究，力求逻辑严密、结论实用，并取得了一定的研究成果。但是，由于时间等诸多条件的限制，本书还存在一些局限性，仍需进一步研究。

(1) 在实证研究方面，虽然为了增强研究的针对性，缩小了调查对象的范围，取得了 115 份的调查问卷，但是仍显得不够。如果能扩大调查范围，获得足够多的数据，相信研究的结果会有一定的差异。另外，二级指标设计有点偏少，在措辞上可能有生硬的地方，影响了调查对象的判断，不然不会出现 5 个主成分的现象，和设想中的2～3个主成分有差异。如果在此前的环节增加德尔菲法的调研，相信无论是指标设计还是问题的集中程度会有所变化。

(2) 大学定位的三维超体积模型虽然比较直观地反映出了三个主体之间共同作用于大学定位的关系，但是稍有些简单，资源与权力的流动在此模型中没有体现，对此的解释还稍显机械。

(3) 用博弈论来分析多主体之间的关系是一个好的方法，但本书显然对博弈论的使用有点机械。博弈论的内涵与方法博大精深，限于笔者的研究基础，显然还无法用更精深的博弈知识来进行研究。用非合作博弈的囚徒博弈模型来分析有其合理性，但如果能用合作博弈及数理模型对大学定位进行研究，并求出彼此之间的均衡解，本研究将会上升到另一个高度，这也是本研究的遗憾。

(4) 虽然本研究占有的资料不少，但是由于研究的针对性，一些好的研究成果没有被吸收进来，另外可能还会有片面地借用一些研究成果为本研究服务的情况。

(5) 大学定位研究是一个理论与实践结合较紧密的研究，综观本书，一直徘徊在理论与实践之间，造成了理论上的哲学思考与批判不够深入，实践上的策略与方法不够细致。

(6) 虽然本书结构清晰，采用了总—分—总的研究框架，但是各章节之间的联系似乎论述得不太充分，即逻辑性和目的性没有高度统一。从内容上看，有些内容论述过多，有些则稍显简略。

还有一些局限之处没有写出来，相信专家们会仁者见仁、智者见智地对本书进行批判与指点。但正如前面所总结的一样，本书提供了用多主体来研究大学定位的视角，一定会有更多的学者对此继续进行深入研究，包括我自己。

三、研究展望

(1) 大学定位的理论研究需要进一步丰富。本书围绕内部与外部的关系来研究，是一个比较宏观的研究。如果从微观上划分，大学里的学生与教职工，社会上的企业与其他中介组织，还有一些利益团体等，都是大学定位的评价者。随着研究的深入与细化，这些评价者对于大学定位的作用肯定会被揭示出来。另外，从大学数量上来说，教育部直属的高校不到总数的1/10，地方政府是我国高校管理的主体，地方政府与中央政府存着的权力博弈关系。地方政府权力的扩大，肯定会影响大学的定位。以南方科技大学为例，它所踩的一些"红线"，是广东省和深圳市支持的，是地方政府与中央政府权力博弈的结果。

(2) 会有更多的学科理论与研究方法介入到本研究中。高等教育学科的研究特征就是多学科研究。大学定位，说是定位，其实是大学的发展，一切有利于大学发展研究的理论与方法都会适用于本研究。大学定位研究虽不是大学发展的原点研究，但也是一个全方位的研究。

(3) 因为大学定位研究具有即时性，有时间与空间范围的概念，特定环境下大学定位面临的问题是有差异的。所以，大学定位研究是一个动态的研究，研究的焦点会随着时间与环境的变化而变化，例如当前风靡全国的"双一流"大学建设、应用型本科高校转型等，需要我们紧扣问题意识来实时地研究和解决大学定位中的问题。

附录　大学定位研究调查问卷

您好！定位是大学实施战略管理的重要内容，定位难是我国大学在制订发展规划时面临的主要问题。从定位的主体看，大学定位面临着政府主体、社会主体及大学同行等多方面的利益纠结。为了深入地了解当前我国大学定位的现状及发展情况，对大学定位的构成因素、影响因素以及功能效应等问题进行研究，特进行本次问卷调查。本问卷不记名，问卷数据仅用于研究，我们承诺保密，不会对您个人和所在学校造成任何影响。请您在百忙之中，抽出一点宝贵的时间根据您本人自身情况及所在学校的实际情况认真如实地填写。对您的热心支持，我们表示衷心感谢！

填写说明：请在选项相应的位置上打"√"，或者在横线上填写答案。

1. 请填写您本人的基本情况。

1.1　您本人的年龄：□<25岁　□26～30岁　□31～35岁　□36～40岁　□41～45岁　□>45岁

1.2　您本人的受教育程度：□专科　□本科　□硕士研究生　□博士研究生　□博士

1.3　您本人从事的岗位工作：□在读学生　□教学科研人员　□行政管理人员

1.4　您目前的职称：□无　□初级　□中级　□副高　□正高

1.5　请写出您所在的学校：________________

2. 请根据您自身及所在学校的实际情况回答以下问题。

2.1　本次调查前，您了解"大学定位"这个名词及其内涵吗？

不了解	一般了解	比较了解	很了解	非常了解
1	2	3	4	5

2.2　您是否了解本校的办学定位？

不了解　一般了解　比较了解　很了解　非常了解

1　2　3　4　5

2.3　您是否认可本校的办学定位？

不认可　一般　比较认可　认可　非常认可

1　2　3　4　5

2.4　您是否认可大学定位存在着“理论与实践相脱节”这一说法？

不认可　一般　比较认可　认可　非常认可

1　2　3　4　5

2.5　您认为，以下这些因素对于大学定位的重要性如何？

（说明：1＝不重要　2＝一般　3＝比较重要　4＝很重要　5＝非常重要）

2.5.1　人才培养的定位

2.5.1.1　人才培养的理念　1　2　3　4　5

2.5.1.2　学校的类型与层次　1　2　3　4　5

2.5.2　科学研究的定位

2.5.2.1　科研人员的素质与能力　1　2　3　4　5

2.5.2.2　科研经费的多少及其比例　1　2　3　4　5

2.5.3　社会服务的定位

2.5.3.1　学校的实力与特色　1　2　3　4　5

2.5.3.2　所在区域或行业的发展水平　1　2　3　4　5

2.5.4　办学层次的定位

2.5.4.1　学校的隶属关系及其行政级别　1　2　3　4　5

2.5.4.2　是否是研究型大学及其倾向　1　2　3　4　5

2.5.5　办学规模的定位

2.5.5.1　生师比与教育质量　1　2　3　4　5

2.5.5.2　学校扩张与规模效益　1　2　3　4　5

2.5.6　办学类型的定位

2.5.6.1　学科的综合程度　1　2　3　4　5

2.5.6.2　特色学科的水平高低　1　2　3　4　5

2.5.7　其他方面的定位：（如果有，请您填写）

____

2.6 您认为,以下各主体对大学定位的重要性或影响程度如何?

(说明:1=不重要 2=一般 3=比较重要 4=很重要 5=非常重要)

2.6.1 政府 1 2 3 4 5

2.6.2 社会媒体 1 2 3 4 5

2.6.3 大学同行 1 2 3 4 5

2.6.4 其他主体:(如果有,请您填写)

____

2.7 您认为,大学在定位实践中与以下各主体博弈的价值与效果会如何?

(说明:1=不好 2=一般 3=比较好 4=很好 5=非常好)

2.7.1 政府 1 2 3 4 5

2.7.2 社会媒体 1 2 3 4 5

2.7.3 大学同行 1 2 3 4 5

2.7.4 其他主体:(如果有,请您填写)

____

非常感谢您的大力支持!

参考文献

[1] 别敦荣.论我国大学的经营[J].清华大学教育研究,2007(6).
[2] 薄建国,王嘉毅.公法视野中我国公立高校法人制度的重构[J].高等教育研究,2010(7).
[3] 操太圣,卢乃桂.伙伴协作与教师赋权——教师专业发展的新视角[M].北京:教育科学出版社,2007.
[4] 曹健.高校发展战略选择的影响因素[J].南京社会科学,2010(12).
[5] 陈厚丰.高校定位:自生秩序与分类引导有机结合——兼与邓耀彩博士商榷[J].高等教育研究,2006(6).
[6] 陈厚丰.中国高等学校分类与定位问题研究[M].长沙:湖南大学出版社,2004.
[7] 陈利平.论大学的第四功能与大学制度文化建设[J].文化学刊,2007(4).
[8] 陈伟,裴旭.大学排名有关问题的讨论[J].中国高教研究,2003(12).
[9] 陈学恂.中国近代教育史教学参考资料(上)[M].北京:人民教育出版社,1986.
[10] 崔高鹏.从特纳到莫雷尔:1862 年美国赠地学院法案的起源与发展研究[D].北京:北京师范大学,2008.
[11] 崔卫国.破解"钱学森之问"——高等教育的经济学分析[M].北京:经济科学出版社,2010.
[12] 邓耀彩.高校定位:自生秩序还是管制[J].高等教育研究,2006(2).
[13] 丁小浩.中国高等院校规模效益的实证研究[M].北京:教育科学出版社,2000.
[14] 董云川.在博弈中蹒跚的中国大学管理:概念、理论与行动[J].学园,2008(1).

[15] 冯向东.高等教育结构博弈中的建构[J].高等教育研究,2005(5).
[16] 冯向东.高等学校定位:竞争中的抉择[J].北京大学教育评论,2004(2).
[17] 高桂娟.现代大学制度演进的文化逻辑[M].青岛:中国海洋大学出版社,2007.
[18] 高宏.学术自由、国家干预之冲突与博弈[J].高等农业教育,2007(3).
[19] 古洪能.政治博弈论[M].北京:中国言实出版社,2008.
[20] 郭秋平.我国大学定位的发展演变和实践中的问题探讨[J].郑州大学学报(哲学社会科学版),2009(3).
[21] 韩映雄.政府与大学关系的历史考察及启示[J].现代大学教育,2004(3).
[22] 郝维谦,龙正中.高等教育史[M].海口:海南出版社,2000.
[23] 何东昌.中华人民共和国重要教育文献(1949—1975)[M].海口:海南出版社,1998.
[24] 贺祖斌.中国高等教育系统的生态学分析[D].武汉:华中科技大学,2004.
[25] 胡炳仙.中国重点大学政策的逻辑起点[J].现代大学教育,2008(2).
[26] 胡建华,陈列,周川,龚放.高等教育学新论[M].南京:江苏教育出版社,2006.
[27] 胡仁东.大学定位研究述评[J].中国高教研究,2006(8).
[28] 蒋洪池,林国治,李绍芳.从政府控制走向政府监督——中国大学与政府关系的祈求[J].北京理工大学学报(社会科学版),2005(3).
[29] 金诚.对流行大学排行榜的反思[J].西南交通大学学报(社会科学版),2010(4).
[30] 靳希斌.教育经济学(修订本)[M].北京:人民教育出版社,2001.
[31] 雷洪德.大学的定位[J].有色金属高教,2001(4).
[32] 李爱良.大学收费非均衡博弈的政策归因分析[J].江苏高教,2010(2).

[33] 李爱民.问题及其确立：高等教育研究活动的逻辑起点[J].扬州大学学报(高教研究版),2005(1).
[34] 李碧虹.论政府与大学在公共支出中的博弈[J].高等教育管理,2009(1).
[35] 李鸿鸣,王广忠.对新世纪我国高等农业教育走势大学理念及人才质量的认识[J].高等农业教育,2002(6).
[36] 李守福.论大学评价的价值取向[J].比较教育,2005(12).
[37] 李越恒.基于委托代理的高校教师学术寻租行为的博弈分析[J].系统工程,2008(11).
[38] 林荣日.制度变迁中的权力博弈——以转型期中国高等教育制度为研究对象[D].上海:复旦大学,2006.
[39] 林荣日.中外政府与高校权力博弈模式比较研究[J].开放教育研究,2007(1).
[40] 刘宝存.威斯康星理念与大学的社会服务职能[J].理工高教研究,2003(5).
[41] 刘道玉.大学教育国际化的选择与对策[J].高等教育研究,2007(4).
[42] 刘道玉.中国高校功能定位刻不容缓[J].高教探索,2007(1).
[43] 刘东.多向度视角解读大学[J].新华文摘,2009(18).
[44] 刘献君.大学发展定位问题笔谈[J].高等教育研究,2003(1).
[45] 刘献君.论高等学校定位[J].高等教育研究,2003(1).
[46] 刘振天,杨雅文.大学定位:观念的反思与秩序的重建[J].清华大学教育研究,2003(6).
[47] 刘志民,龚怡祖,李昌新.大学定位与农科院校的抉择[J].高等农业教育,2003(5).
[48] 娄俊颖.我国高等学校发展定位的策略研究[D].长春:东北师范大学,2006.
[49] 卢晓中.对高等教育分层定位问题的若干思考[J].高等教育研究,2006(2).
[50] 骆四铭.中国大学类意识的发展影响大学定位[J].现代教育科学,2005(4).
[51] 马陆亭.高等学校的分层与管理[M].广州:广东教育出版

社,2004.
[52] 马万华.迎接大学“灿烂的明天”——北京大学百年校庆“大学校长论坛”综述[J].高等教育研究,1998(4).
[53] 孟丽菊.基于生态位理论的大学—政府—市场关系研究[D].大连:大连理工大学,2010.
[54] 闵维方.21 世纪的信息经济与大学的作用[J].教育与经济,1995(3).
[55] 潘后杰.欧洲中世纪大学兴起的原因、特点及其意义[J].四川师范大学学报(社会科学版),1993(3).
[56] 潘懋元,董立平.关于高等学校分类、定位、特色发展的探讨[J].教育研究,2009(2).
[57] 潘懋元,刘振天.发挥大学中心作用,促进知识经济发展[J].教育发展研究,1999(6).
[58] 潘懋元.一流大学不能跟着“排名榜”转[J].清华大学教育研究,2003(3).
[59] 裴娣娜.教育研究方法导论[M].合肥:安徽教育出版社,1995.
[60] 彭安臣,曾洁.中国高校研究生教育规模效益的实证研究——基于教育部直属 72 所高校统计数据的分析[J].清华大学教育研究,2006(6).
[61] 邱德雄.我国普通高校定位的理性选择[M].成都:巴蜀书社,2009.
[62] 阮李全,胡耘通.高等教育改革中主体角色定位的博弈及重塑——以厘清社会、政府、市场、大学之间关系为视角[J].黑龙江高教研究,2009(7).
[63] 尚玉昌.普通生态学[M].北京:北京大学出版社,2002.
[64] 沈红.美国研究型大学形成与发展[M].武汉:华中理工大学出版社,1999.
[65] 盛懿,孙萍,欧七斤.三个世纪的跨越——从南洋公学到上海交通大学[M].上海:上海交通大学出版社,2006.
[66] 史朝.对我国高等教育大众化的探讨[J].高等教育研究,1999(1).
[67] 史静寰,赵可,夏华.卡内基高等教育机构分类与美国的研究型大学[J].北京大学教育评论,2007(2).

[68] 宋旭红. 大学定位及其解读[J]. 辽宁教育研究,2005(9).
[69] 眭依凡. 大学校长的办学定位理念与治校[J]. 高等教育研究,2001(4).
[70] 唐安奎. 略论大学制度的重构[J]. 高等工程教育研究,2006(4).
[71] 涂又光. 文明本土化与大学[J]. 中国哲学史,1999(2).
[72] 王德葳. 大学定位的几个问题[J]. 成都中医药大学学报(教育科学版),2005(1).
[73] 王丽萍. 中国近现代政府与大学利益关系的考察[J]. 江苏高教,2007(1).
[74] 王玲. 博弈视野下的课程政策研究[D]. 济南:山东师范大学,2008.
[75] 王兴元. 品牌生态位测度及其评价方法研究[J]. 预测,2006(5).
[76] 王义遒. 我国高校的恰当定位为什么这么难[J]. 高等教育研究,2005(2).
[77] 王宇. 中西方大众文化背景下的大学文化定位[J]. 辽宁教育研究,2003(1).
[78] 王作权,张仲谋. 法国大学校的办学特色及其成因探析——以巴黎理工学校为例[J]. 煤炭高等教育,2010(1).
[79] 魏新. 知识经济与高等教育改革[J]. 中国高等教育,1999(5).
[80] 翁伟斌. 美国研究型大学的现状和改革课题[J]. 江苏高教,2000(3).
[81] 吴国娟,李昌. 大学权力博弈探析[J]. 辽宁教育研究,2007(1).
[82] 吴薇. 中荷研究型大学教师教学科研关系观之比较——基于莱顿大学与厦门大学的调查[J]. 高等教育研究,2010(5).
[83] 夏建中. 文化人类学理论学派[M]. 北京:中国人民大学出版社,1997.
[84] 项文彪. 试论定位理论指导下的大学定位[J]. 江西财经大学学报,2003(5).
[85] 谢凌凌,龚怡祖. 高校风险生成机理:多学科逻辑推演[J]. 高教探索,2010(1).
[86] 熊华军. 大学政策实施中的委托代理问题分析[J]. 中国地质大学学报(社会科学版),2005(2).

[87] 徐丹，徐娟. 公共问责与市场竞争：大学排名难以承受之重[J]. 清华大学教育研究，2010(6).
[88] 徐振鲁，李艳，张玉安，等. 国内大学评价指标体系的比较[J]. 河南社会科学，2009(2).
[89] 薛春艳. 生态位理论视阈中大学定位问题的反思[J]. 成都教育学院学报，2004(8).
[90] 薛天祥. 高等教育管理学[M]. 桂林：广西师范大学出版社，2006.
[91] 杨忠泰. 大学功能的扩展与调适[J]. 科技管理研究，2003(5).
[92] 游建军. 美国高等教育发展史上赠地运动的借鉴与启示[J]. 四川理工学院学报(社会科学版)，2008(5).
[93] 俞俏燕. 中国单科性院校专业趋同问题研究——大学综合化发展的视角[D]. 厦门：厦门大学，2008.
[94] 曾小华. 论简单与复杂的文化系统[J]. 中共浙江省委党校学报，2004(4).
[95] 张宝蓉. 学术、政府、市场在高等教育分层中的互动与制衡——伯顿·克拉克高等教育新论评析[J]. 大学教育科学，2005(3).
[96] 张楚廷. 教育哲学[M]. 北京：教育科学出版社，2006.
[97] 张风辉. 大学定位[J]. 河北师范大学学报(教育科学版)，2003(5).
[98] 张红峰. 高等教育价值取向博弈分析[J]. 教育发展研究，2008(11).
[99] 张俊宗. 现代大学制度——高等教育改革与发展的时代回应[M]. 北京：中国社会科学出版社，2004.
[100] 张力. 产学研协同创新的战略意义和政策走向[J]. 教育研究，2011(7).
[101] 张似阳. 我国大学科研职能的历史演变及启示[J]. 赤峰学院学报(汉文哲学社会科学版)，2008(5).
[102] 张西方. 大学功能拓展及其释放机制建立[J]. 中国高等教育，2007(15/16).
[103] 张彦通. 高等学校定位与高等教育定位之间的关系[J]. 北京教育(高教版)，2006(7).
[104] 张阳. 分层抑或分类——大学定位的研究与实践[J]. 煤炭高等教育，2010(6).

[105] 张西水，陈清龙. 20世纪的中国高等教育：科技卷[M]. 北京：高等教育出版社，2003.
[106] 章仁彪. 走出“象牙塔”之后：大学的功能与责任[J]. 复旦教育论坛，2005(3).
[107] 赵惠君. 院校研究的现状及其动因[J]. 高教发展与评估，2008(6).
[108] 赵炬明. 发展院校研究，建设现代大学[J]. 西安欧亚学院学报，2005(4).
[109] 赵沁平. 发挥大学第四功能作用，引领社会创新文化发展[J]. 中国高等教育，2006(15/16).
[110] 赵维良. 城市生态位评价及应用研究[D]. 大连：大连理工大学，2007.
[111] 赵文华. 高等教育系统论[M]. 桂林：广西师范大学出版社，2001.
[112] 周光礼. 大学定位：中国高等教育亟待破解的难题[J]. 河南教育(高校版)，2010(1).
[113] 周光礼. 学术自由与社会干预的整合认同：大学定位的再思考[J]. 现代教育研究，2000(4).
[114] 周玲. 高等教育研究的方法论反思——多学科研究范式的引入与高等教育立场的坚守[J]. 高等教育研究，2005(2).
[115] 周焱. 论大学的角色定位及转换[J]. 重庆师范大学学报(哲学社会科学版)，2004(3).
[116] 周远清. 高等教育体制的重大改革与创新[J]. 中国高等教育，2001(1).
[117] [德]马克斯·韦伯. 韦伯论大学[M]. 孙传钊，译. 南京：江苏人民出版社，2006.
[118] [荷]弗兰斯·范富格特. 国际高等教育比较研究[M]. 杭州：浙江教育出版社，2003.
[119] [加]许美德. 中国大学1895—1995：一个文化冲突的世纪[M]. 许洁英，译. 北京：教育科学出版社，1999.
[120] [加]约翰·范德格拉夫，等. 学术权力——七国高等教育管理体制比较[M]. 王承绪，等，译. 杭州：浙江教育出版社，2000.
[121] [美]艾·里斯，杰·特劳特. 广告攻心战略：品牌定位[M]. 刘

毅志，译．北京：中国友谊出版公司，1999.
[122] [美]伯顿·克拉克.高等教育系统——学术组织的跨国研究[M].王承绪，等，译.杭州：杭州大学出版社，1994.
[123] [美]伯顿·克拉克.高等教育新论——多学科的研究[M].王承绪，等，译.杭州：浙江教育出版社，2001.
[124] [美]伯顿·克拉克.探究的场所——现代大学的科研和研究生教育[M].王承绪，译.杭州：浙江教育出版社，2001.
[125] [美]查德·雷文.大学如何服务于社会[J].国家教育行政学院学报，2006(9).
[126] [美]丹尼尔·若雷，赫伯特·谢尔曼.从战略到变革——高校战略规划实施[M].赵艳，赵炬明，译.桂林：广西师范大学出版社，2006.
[127] [美]菲利普·阿特巴赫，帕特丽夏·冈普奥特，布鲁斯·约翰斯通.为美国的高等教育辩护[M].别敦荣，陈艺波，译.青岛：中国海洋大学出版社，2007.
[128] [美]海因茨·韦里克，哈罗德·孔茨.管理学——全球化视角[M].北京：经济科学出版社，2004.
[129] [美]亨利·埃茨科威兹.三螺旋[M].周春彦，译.北京：东方出版社，2005.
[130] [美]克拉克·克尔.大学的功用[M].陈学飞，等，译.南昌：江西教育出版社，1993.
[131] [美]克拉克·克尔.大学之用[M].高铦，高戈，汐汐，译.北京：北京大学出版社，2008.
[132] [美]米尔顿·弗里德曼.资本主义与自由[M].北京：商务印书馆，1999.
[133] [美]乔治·凯勒.大学战略与规划——美国高等教育管理革命[M].别敦荣，译.青岛：中国海洋大学出版社，2005.
[134] [美]亚伯拉罕·弗莱克斯纳.现代大学论——美英德大学研究[M].徐辉，译.杭州：浙江教育出版社，2001.
[135] [美]约翰·布鲁贝克.高等教育哲学[M].王承绪，等，译.杭州：浙江教育出版社，2001.
[136] [英] Geraint Johnes.高等教育定价：2004 年英格兰高等教育

法案对大学的政策意义[J]. 杜育红，周雪飞，译. 教育与经济，2005(2).
[137] [英]阿什比. 科技发达时代的大学教育[M]. 滕大春，滕大生，译. 北京：人民教育出版社，1983.
[138] [英]巴勒特. 媒介社会学[M]. 赵伯英，孟春，译. 北京：社会科学文献出版社，1989.
[139] [英]弗里德利希·冯·哈耶克. 自由秩序原理(上)[M]. 邓正来，译. 北京：生活·读书·新知三联书店，1997.
[140] [英]迈克尔·夏托克. 高等教育的结构与管理[M]. 王义端，译. 上海：华东师范大学出版社，1987.
[141] [英]约翰·亨利·纽曼. 大学的理想[M]. 徐辉，顾建新，何曙荣，译. 杭州：浙江教育出版社，2001.
[142] Carnegie Commission on Higher Education. The more effective use of resources[M]. New York：McGraw-Hill，1972.
[143] Cartter A M. An assessment of quality in graduate education[R]. Washington D. C. ：American Council on Education，1966.
[144] Mintzberg H. The rise and fall of strategical planning[M]. New York：Harper & Row，1994.
[145] Odum E P. Basic Ecology[M]. Philadelphia：Saunders College Publishing，1983.
[146] Hutchinson G E. An introduction to population ecology[M]. New Haven：Yale University Press，1978.